XIANDAI QIYE YUNZUO

ZONGHE SHIXUN
JIAOCHENG

现代企业运作

综合实训教程

主　编○惠宏伟
副主编○张　艳　刘海燕　杜玉英　张潇文　杜　华
主　审○程　夏

西南财经大学出版社
Southwestern University of Finance & Economics Press

图书在版编目(CIP)数据

现代企业运作综合实训教程/惠宏伟主编. —成都:西南财经大学出版社,2015.7

ISBN 978 - 7 - 5504 - 2073 - 1

Ⅰ.①现… Ⅱ.①惠… Ⅲ.①企业管理—高等学校—教材
Ⅳ.①F270

中国版本图书馆 CIP 数据核字(2015)第 167250 号

现代企业运作综合实训教程

主　编:惠宏伟
副主编:张　艳　刘海燕　杜玉英　张潇文　杜　华
主　审:程　夏

责任编辑:邓克虎
助理编辑:涂洪波　赵　琴
封面设计:何东琳设计工作室
责任印制:封俊川

出版发行	西南财经大学出版社(四川省成都市光华村街55号)
网　　址	http://www.bookcj.com
电子邮件	bookcj@ foxmail.com
邮政编码	610074
电　　话	028 - 87353785　87352368
照　　排	四川胜翔数码印务设计有限公司
印　　刷	四川五洲彩印有限责任公司
成品尺寸	185mm × 260mm
印　　张	10.75
字　　数	245 千字
版　　次	2015 年 7 月第 1 版
印　　次	2015 年 7 月第 1 次印刷
印　　数	1— 3000 册
书　　号	ISBN 978 - 7 - 5504 - 2073 - 1
定　　价	25.00 元

序

　　长期以来，我国的大学课堂是在以"教师为中心，教师讲、学生听"的模式下组织教学的，学生在大学里学习了大量的专业知识，但鲜有机会对所学专业知识进行综合运用。北京方宇博业科技有限公司开发的经管类虚拟仿真跨专业综合实训平台，利用先进的软件技术、互联网技术和虚拟仿真技术，以现代服务业作为背景，以经济管理作为主题，对教学内容与教学模式进行开创性研发，开创了"以学生为主体，以教师为主导"的双主模式；同时，通过虚拟仿真场景，让学生在环境中体验，在体验中学习，形成自主创新思维，提升综合能力与素质。

　　该实训平台虚拟了以现代制造业为核心的真实商业社会教学环境，包含企业外围经济环境、上下游供应链、企业经营运营环境与岗位作业环境；仿真了制造业与服务业协同、供应链竞合、生产业务链、流通业务链、资本运作业务链相互交织的经营模型。将企业生产经营、工商税务、银行会计、财务管理、国际贸易和物流等经管类专业知识高度融合，将几十个机构上百个岗位的主要业务活动提炼，通过岗位轮换和不同角色的扮演，借助任务型实验、交互性实验等，让学生体验制造企业、贸易企业、国际货运代理以及工商局、税务局、商业银行、会计师事务所等现代服务业的全流程业务，培养学生自主学习、沟通协作、实践创新的能力。

　　2011年4月北京方宇博业科技有限公司和成都理工大学工程技术学院经济与管理实验教学中心合作，规划建设"现代企业运作综合实习中心"，2012年下学期"现代企业运作综合实习中心"正式投入使用，通过虚拟仿真跨专业综合实训平台为经济系和管理系的财务管理、会计学、审计学、工商管理、物流管理、电子商务、信息管理等专业的学生开设了实训课程。转眼间，成都理工大学工程技术学院的现代企业运作综合实习教学已走过了3个春秋，期间该学院经济与管理实验教学中心和北京方宇博业科技有限公司合作进行了诸多探索与研究，为该综合实习课程的丰富与完善做出了极大的贡献。

　　目前北京方宇博业科技有限公司已为百余所学校和公共基地部署了虚拟仿真综合实训系统及云平台，开课1亿人时，超过80所院校将跨专业虚拟仿真实训课程列入教学计划，开设选修或必修学分课程，与院校合作建设国家级虚拟仿真实验室、国家级实验教学示范中心，部分合作项目荣获国家教学成果奖。

随着现代新兴技术的发展，北京方宇博业科技有限公司探索应用先进的虚拟仿真、多媒体与云计算技术，使得经济管理实践教学平台技术与应用水平不断提升，在教学内容、教学模式、教学管理、资源共享方面不断创新。

成都理工大学工程技术学院的"现代企业运作综合实训教程"教材出版在即，在此我谨代表北京方宇博业科技有限公司向成都理工大学工程技术学院经济与管理实验教学中心表示衷心地祝贺！

朱大勇

北京方宇博业科技有限公司总经理

移动互联网教育产业联盟副秘书长

清华大学国家服务外包研究院实践教学中心主任

前　言

为全面贯彻国民经济和社会发展"十二五"规划纲要，进一步提升高等学校办学质量和办学效益，促进高等教育事业健康发展，进一步落实《教育部、财政部关于实施高等学校本科教学质量与教学改革过程的意见》和《教育部关于进一步深化本科教学改革全面提高教学质量的若干意见》《国家中长期教育改革和发展规划纲要》等文件精神，结合目前高校实践教学开展的实际情况，特编写此教程，以期对促进高校实践教学发展有一定帮助。

本教材是对我校开展跨专业综合实践教学的初步总结。

我校经济与管理实验教学中心 2011 年与北京方宇博业科技有限公司合作共同建设了现代企业运作综合实习实验室，2012 年该实验室正式开课。三年来，我院已有 4 531 名学生合计 47 个专业分 17 轮参加了跨专业综合实习课程，取得了很好的教学效果。经济与管理实验教学中心在跨专业综合实习方面进行了大量的探索和研究，更新了经管类专业实践教学的思路，创新了教学实习的模式，打破了经济管理各专业的专业壁垒，取得了初步的成绩。从最初的所有机构经济往来由系统自动转账到结合我院经济系专业特点完善银行功能实现人工转账，使学生体验到经济运作的每一个环节并实现每家企业每笔账目的清晰记录，从原来的纯手工做账到现在的借助于电算化系统快速完成财务报表的生成，企业经营也开始使用 ERP 帮助决策，我们一直前行。

本教材基于以上原因，在多次授课中反复探索、反复修改后成书。

本教材共分十章，对应着综合实习中既相互独立又互相联系的九个不同机构。

本书由惠宏伟副教授主持，并与张艳、刘海燕、杜玉英、张潇文、杜华共同编著。具体分工如下：惠宏伟副教授进行全书的总体设计和审核统稿，并编写第十章；刘海燕编写第一、二、三章，杜玉英编写第四、六章；张潇文编写第五章；张艳编写第七、八章，其中刘光军在第八章编写过程中提出了宝贵的意见，给予了极大的帮助；杜华编写第九章。同时，邀请成都理工大学教授、成都理工大学工程技术学院经济系主任、成都理工大学工程技术学院经济管理实验教学中心主任程夏教授担任主审。此外，刘俊强老师、夏玉林老师也在成书的过程中提供了极大的帮助，并给出了宝贵意见，在此一并予以感谢！

本书得以出版,感谢经济管理实验教学中心同仁的帮助,感谢西南财经大学出版社的辛勤劳动!

由于编者水平和时间有限,书中难免有疏漏甚至错误之处,敬请使用者提出宝贵意见!

编　者

2015 年 6 月

2

目 录

导　言

现代企业运作综合实习依托于"跨专业综合实习平台"，通过在实验室搭建仿真的社会经济环境，以社会实践为出发点，兼顾学科发展，实现现代服务产业各相关专业的循环实践教学，面向经济社会，面向企业需求培养人才的一门具有实践特点的应用性很强的综合实习课程。

生产制造企业是现代企业运作综合实习的核心机构，通过模拟真实场景、岗位配备来进行企业运行，其间不仅包含同行业内激烈的竞争，还包括与各类外围机构之间的业务往来。实训者在组建公司、运营公司、财务结算等一系列活动中体会企业经营运作的全过程，从而深刻认识到理论与实践相结合的重要性，领悟科学的管理规律，提升自身综合能力。

一、计划的重要性

计划是组织、领导和控制的基础和依据，企业不仅要制订长期发展计划，还要根据环境条件变化和实际完成情况，定期对计划进行修订，使企业始终有一个较为切合实际的长期计划做指导，并使长期计划能够始终与短期计划紧密地衔接在一起。企业管理者要对计划的实施进行合理的分工与协作，对有限的资源进行合理的配置和科学的使用，并正确协调企业内部员工与外部机构之间的相互关系。

在经营过程中，企业要根据市场需求和竞争对手的可能思路，规划企业未来的发展方向，主攻什么类型的产品；投资新产品的开发，开发对自己有利的市场，使企业有可能获取足够多的利润；建立生产线，使企业有足够的生产能力去满足市场的需求；进行周密细致的计划，提高生产效率，使企业不浪费任何资源（内部、外部）；合理投入广告费，使企业能争取到想要的订单；充分利用各项融资手段，为企业发展提供足够的资金。

二、良好的竞争环境

同行业的企业之间是既合作又竞争的关系。企业要改变竞争思维，用双赢思维代替零和思维。传统竞争思维是你死我活，而竞争合作的出发点是基于优势互补基础上的竞争，在提高顾客价值基础上实现双赢。要实现双赢，合作竞争必须建立在合作者双方共同获利的基础上，即通过联合，使双方的能力或资源得以互补，各自都获得相应的利益，这是合作竞争成功的基本前提。企业在考虑合作结盟时，不仅要考虑自身的利益，还必须考虑对方的利益。只有建立在互利互惠、共生共荣的基础上，才能进一步发挥潜在的资源优势，提高企业的整体竞争力。常见的合作方式有品牌联盟、新产品合作开发、基于供应链的企业合作等。

三、和谐的工作氛围

企业应与外围服务机构（工商局、税务局、银行、会计师事务所、物流公司、保险公司、信息中心等）之间建立稳定、持久发展的关系，为企业的经营创造良好的外部环境；增进相关部门对企业的认可和支持；及时获取有关政策信息，为企业决策提供依据；自觉接受监督，提升企业治理。在该关系的维系中企业要遵守合法合规、积极主动、规范严谨、诚实守信的原则。

第一章　注册流程

第一节　个人注册流程

一、输入网址进行个人注册，填写注册信息并提交

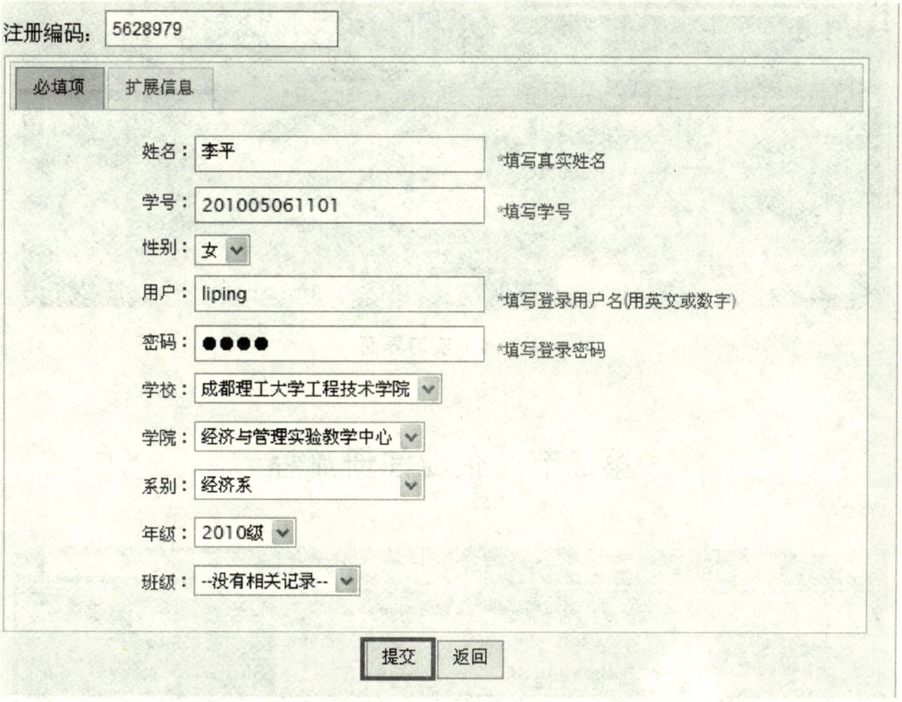

图 1-1　个人注册界面

二、输入用户名和密码登录

图 1-2　登录界面

三、进入欢迎界面，点击"马上行动"

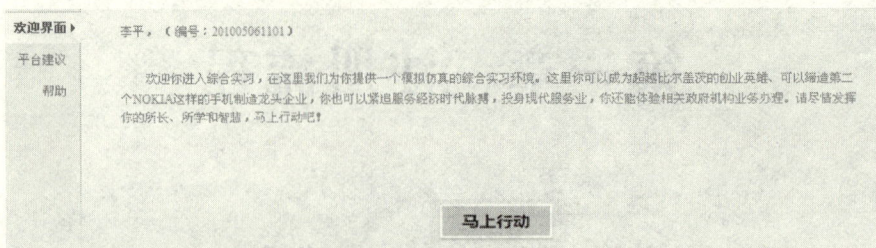

图1-3　欢迎界面

四、找到办公楼，点击"我要去实习"

图1-4　实习界面

第二节　企业注册流程

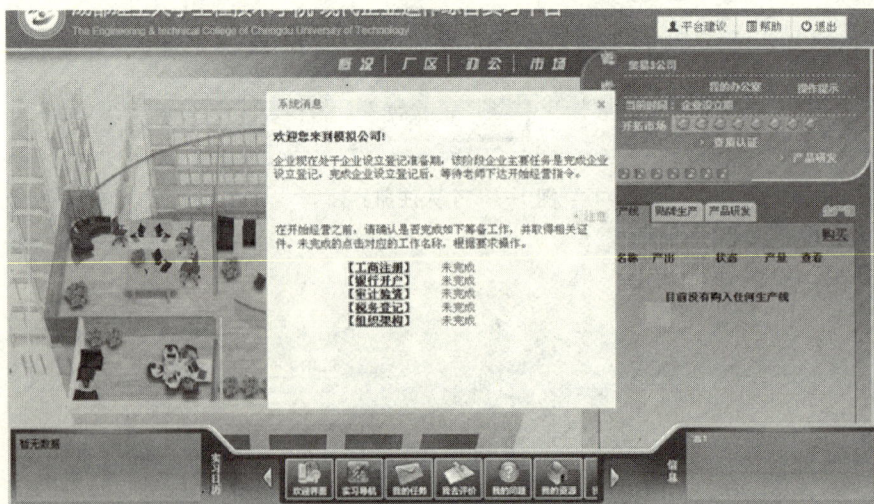

图1-5　初始界面

一、企业名称预先核准

➤（初始界面）工商注册→企业登记→填写"企业名称预先核准申请书"→提交。

图1-6 企业名称预先核准界面

➤填写纸质版"企业名称预先核准申请书"，企业名称预先核准申请书填写注意事项请参看表4-1。

➤到工商局办理审核业务（需携带纸质版"企业名称预先核准申请书"）。

➤工商局审核未通过，审核状态为"驳回通知书"。如图1-7所示。

→驳回通知书，查看工商局对企业发过来的驳回通知信息。

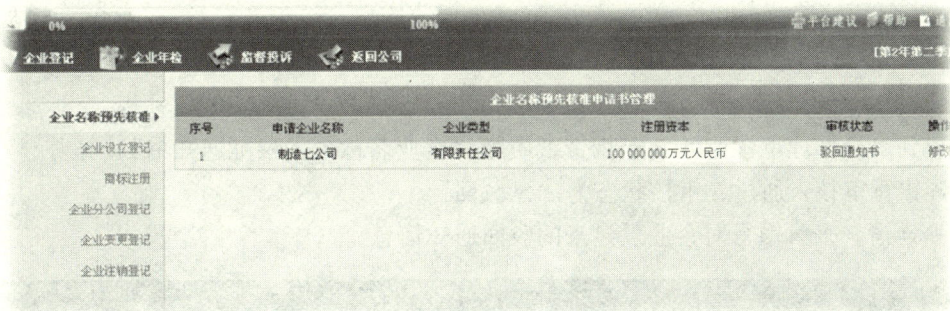

图1-7 企业名称预先核准被驳回后界面

→修改→提交，重新到工商局办理审核业务。

➤工商局审核通过，发放"企业名称预先核准通知书"（含纸质版），企业可在系统中查看工商局对企业发过来的"核准通知书"。

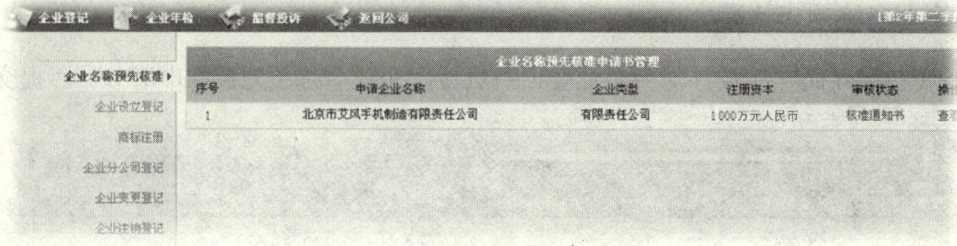

图 1-8　企业登记预先核准通过后界面

二、开立临时账户

➤（初始界面）银行开户→临时账户申请→新增→填写"临时开户申请单"→提交。

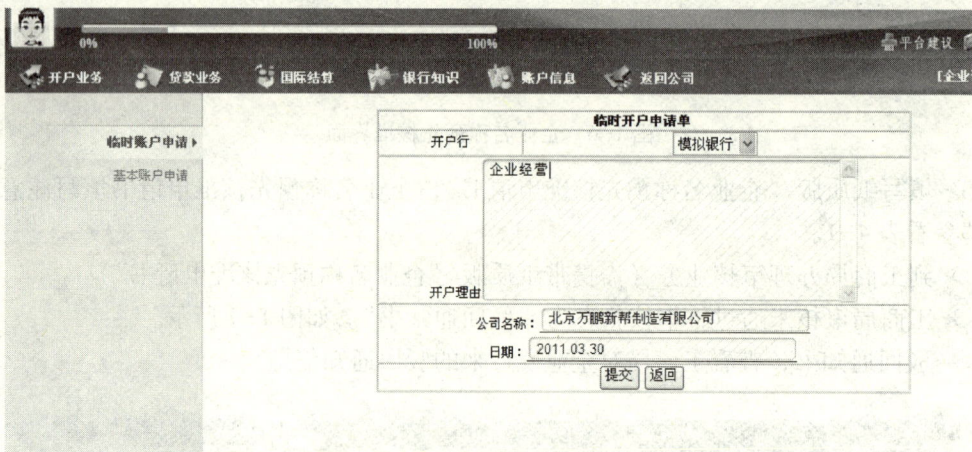

图 1-9　临时账户申请页面

➤ 到银行办理审核业务（需携带纸质版"企业名称预先核准通知书"）。

➤ 银行审核未通过，审核状态为"已驳回"。

→详情，查看银行对企业发过来的驳回通知信息。

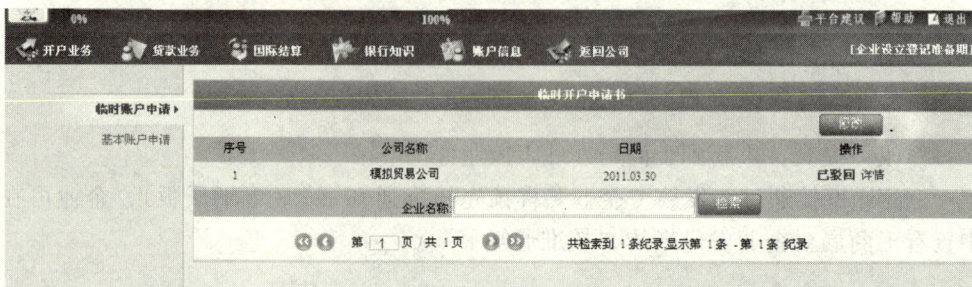

图 1-10　临时账户申请被驳回后界面

→修改→提交，重新到银行办理审核业务。

➤ 银行审核通过，发放"临时账户"（含纸质版），企业可在系统中查看临时账号。

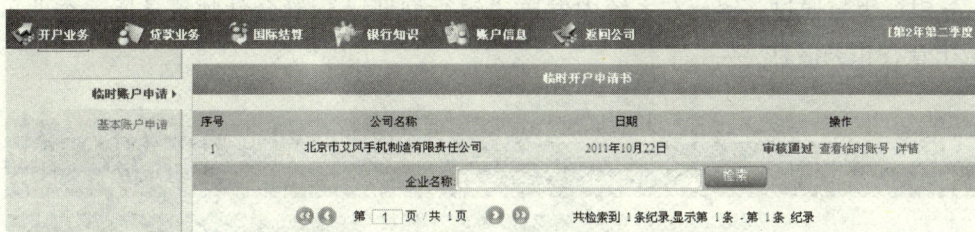

图 1-11 临时账户申请通过后界面

三、银行询证函

➤ （初始界面）审计验资→验资→银行询证函→填写"银行询证函"→提交。

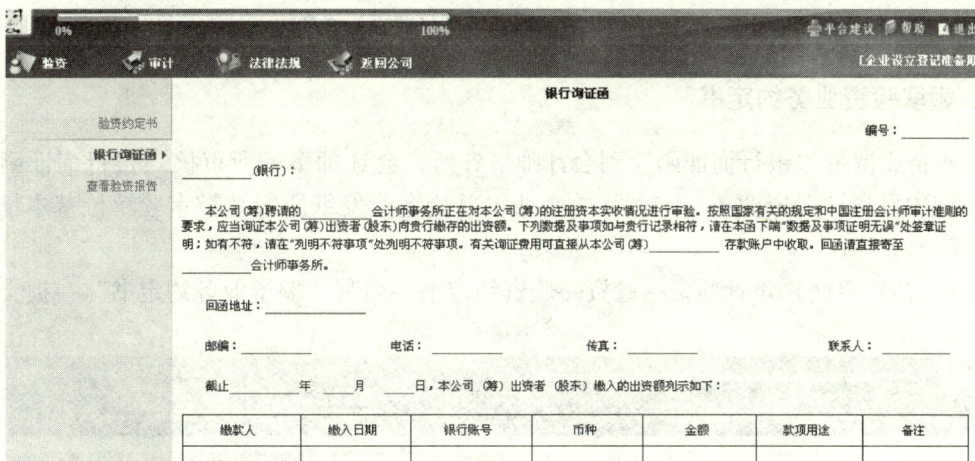

图 1-12 银行询证函页面

➤ 填写纸质版"银行询证函"。
➤ 到银行办理审核业务（需携带纸质版"临时账户""银行询证函"）。
➤ 银行审核未通过，审核状态为"审核未通过"。
→详情，查看银行对企业发过来的驳回通知信息。

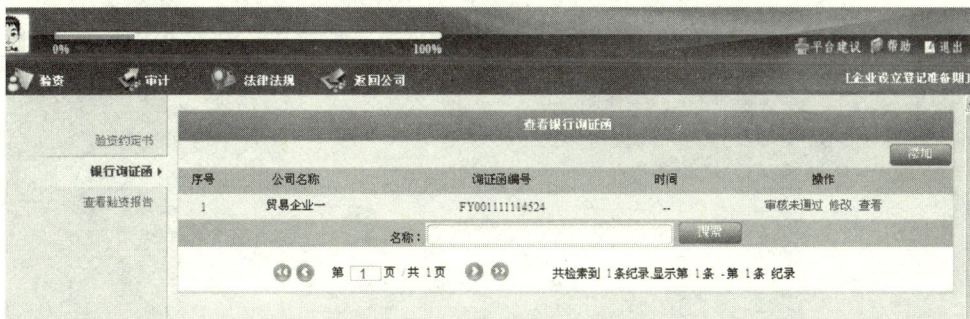

图 1-13 银行询证函审核未通过后界面

→修改→提交，重新到银行办理审核业务。

➤ 银行审核通过，银行在系统中发送"银行询证函"给会计师事务所，企业可在系统中查看相关信息。

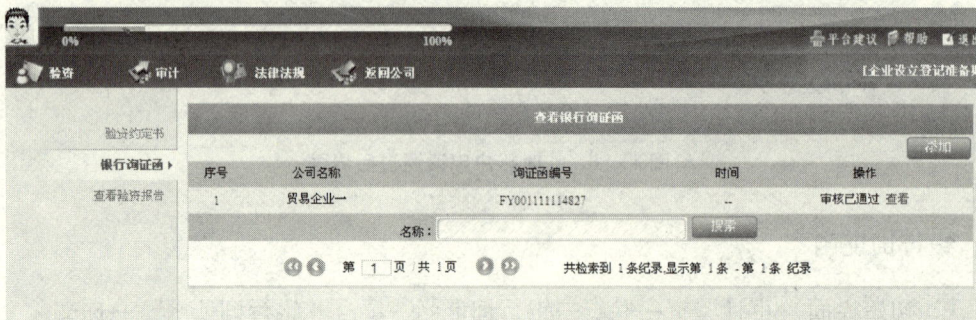

图 1-14　银行询证函审核通过后界面

四、领取验资业务约定书

➤ 企业携带"银行询证函"到会计师事务所，会计师事务所审核"银行询证函"，在系统中发送"验资业务约定书"给企业，并给企业发纸质版"被审验单位基本情况表"。

➤（初始界面）审计验资→验资→验资约定书→填写"验资业务约定书"→提交。

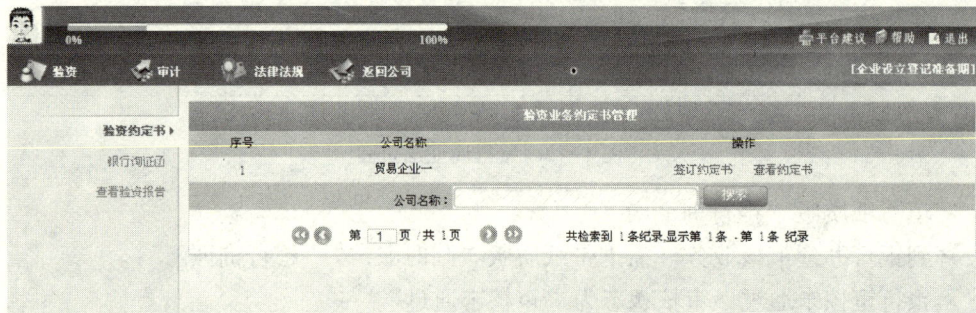

图 1-15　验资约定书界面

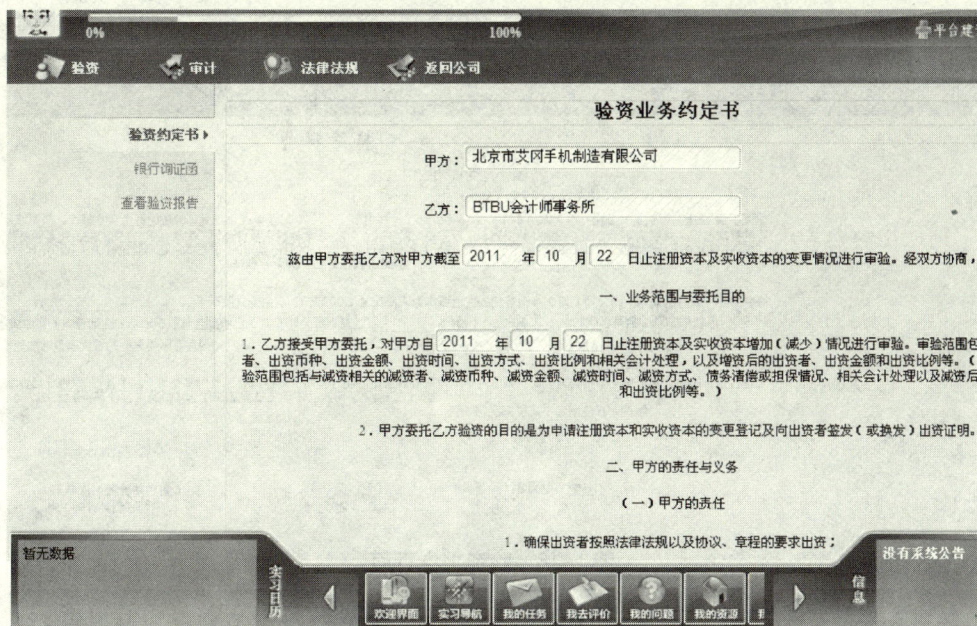

图 1-16 验资业务约定书页面

➤ 填写纸质版"被审验单位基本情况表"。

➤ 到会计师事务所办理审核业务（需携带纸质版"被审验单位基本情况表"）。

➤ 会计师事务所审核通过，发放"验资业务约定书"（含纸质版），企业可在系统中查看相关信息。

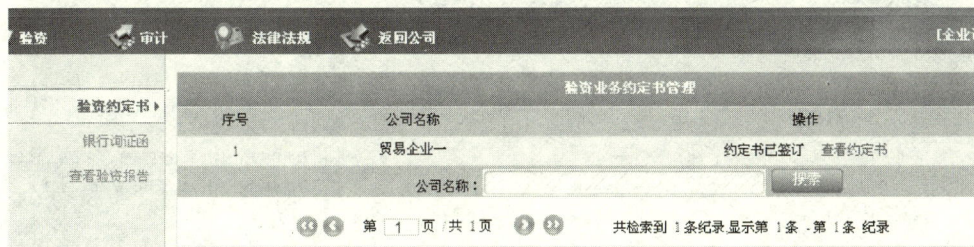

图 1-17 验资约定书签订成功后界面

五、审计验资

➤ 到会计师事务所办理（需携带"临时账户""验资业务约定书"）。

➤ 会计师事务所核对信息，确认企业的注册资金和基本信息正确后，给企业发送验资报告（含纸质版）。

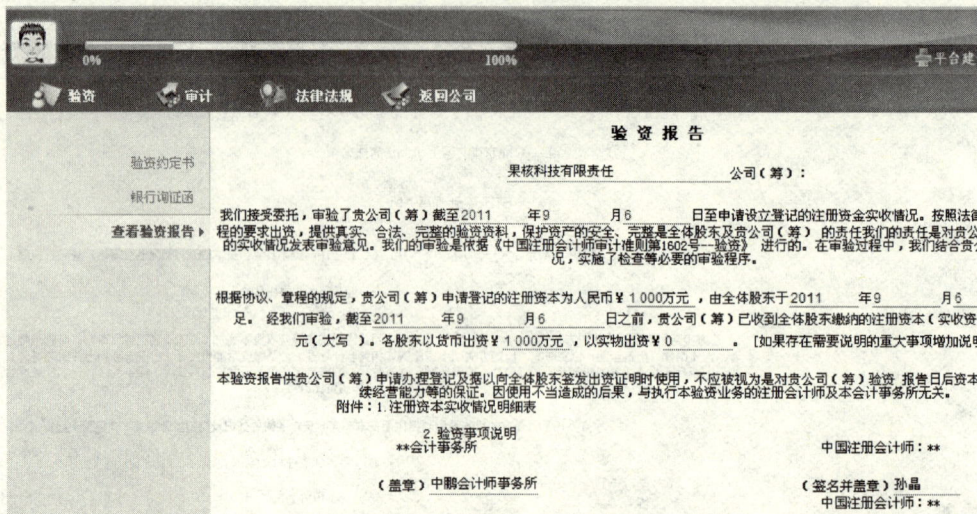

图 1-18　验资报告页面

➤ 可在系统中查看相关信息：（初始界面）审计验资→验资→查看验资报告。

六、企业设立登记

➤（初始界面）工商注册→企业登记→企业设立登记→填写"企业设立登记申请书""法定代表人登记""注册资本缴付情况""住所或营业场所使用证明书"→提交。

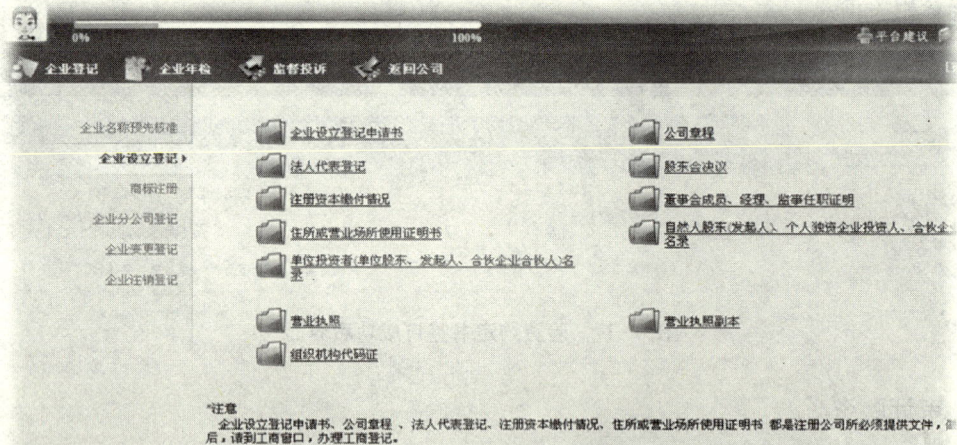

图 1-19　企业设立登记界面

➤ 填写纸质版"企业设立登记申请书""法定代表人登记表""住所（营业场所）证明"。

➤ 到工商局办理审核业务［需携带纸质版"企业名称预先核准通知书""验资报告""企业设立登记申请书""法定代表人登记表""住所（营业场所）证明"］。

➤ 工商局审核未通过，审核状态为"驳回通知书"。

→驳回通知书，查看工商局对企业发过来的驳回通知信息。

→修改→提交，重新到工商局办理审核业务。

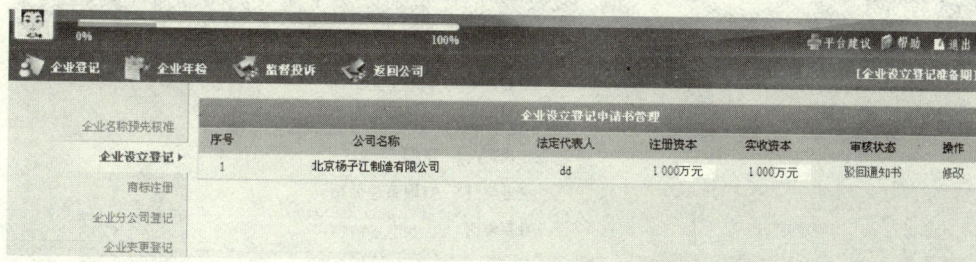

图 1-20 企业设立登记被驳回后界面

➢ 工商局审核通过，发放纸质版"企业营业执照"正副本、"组织机构代码证"正副本，企业可在系统中查看工商局对企业发过来的"准予通知书"。

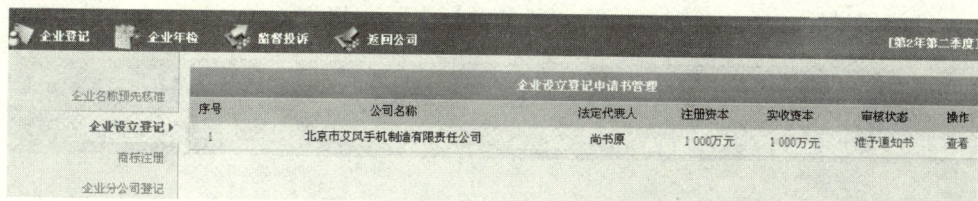

图 1-21 企业设立登记通过后界面

七、税务登记

➢ 到税务局办理（需携带验资报告、"企业营业执照"副本、"组织机构代码证"副本、"临时账户"）。

➢ 税务局审核通过后，在系统中发送识别号给企业。

➢ （初始界面）税务登记→行政审批→查看"获取识别号"→填写"企业注册信息"→提交。

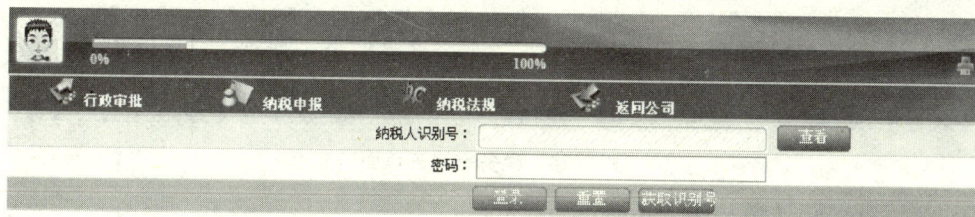

*注意
先点击获取纳税人识别号按钮，提交企业基本信息，税务机关审核后，点击查看密码，根据纳税人识别号和密码登陆。

图 1-22 行政审批界面

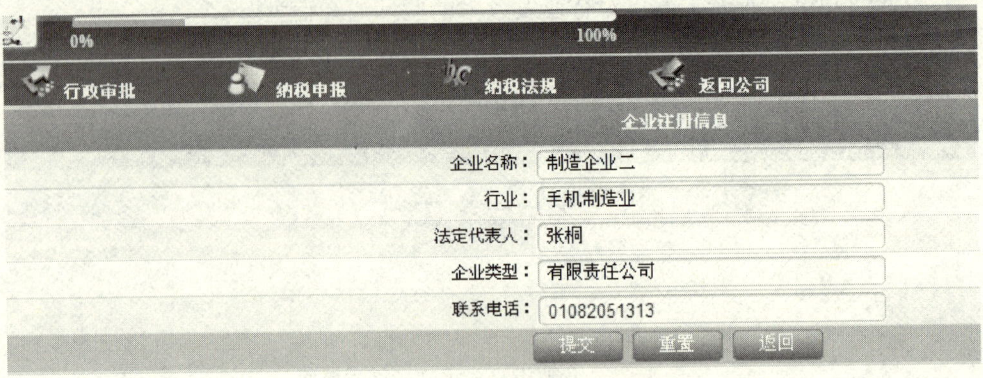

图1-23 企业注册信息页面

➢ 到税务局办理审核业务。
➢ 审核通过后，税务登记→填写"税务登记表"→提交。

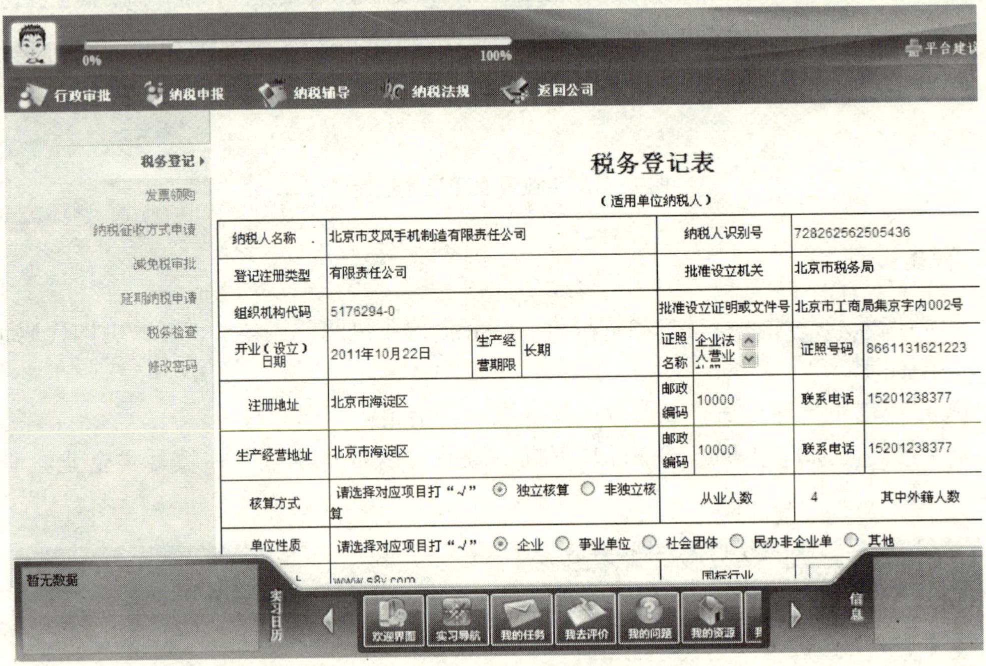

图1-24 税务登记表页面

➢ 填写纸质版"税务登记表"。
➢ 到税务局办理审核业务（需携带纸质版"税务登记表"）。
➢ 税务局审核未通过，审核状态为"已驳回"。
→查看，查看税务局对企业发过来的驳回通知信息。

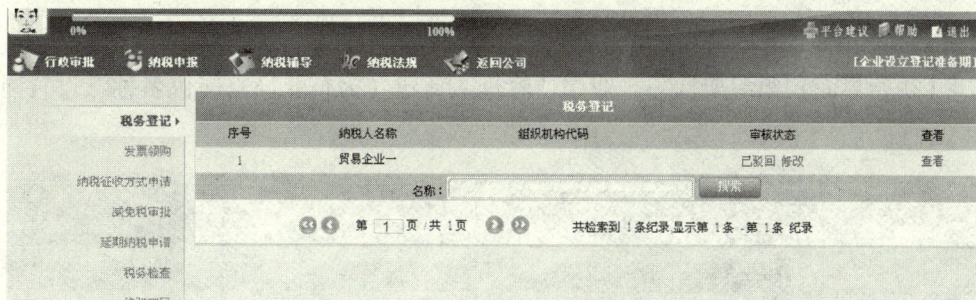

图 1-25　税务登记被驳回后界面

　　→修改→提交，重新到税务局办理审核业务。

　　➢税务局审核通过，发放纸质版"税务登记证"正副本，企业可在系统中查看税务局对企业发过来的相关信息。

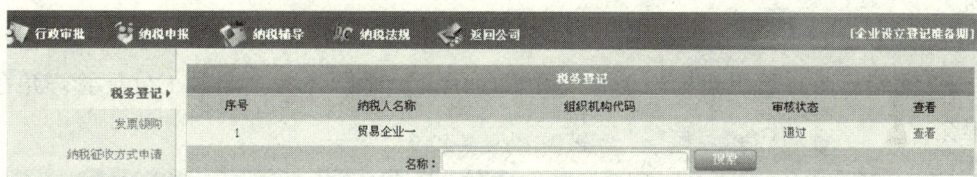

图 1-26　税务登记通过后界面

八、办理银行结算业务账户

　　➢到银行填写纸质版"开立单位银行结算账户申请表"。

　　➢到银行办理审核业务（需携带纸质版"企业营业执照"副本、验资报告、"组织机构代码"副本、"税务登记证"副本）。

　　➢银行审核通过，发放纸质版"开户许可证"，企业可在系统中查看账户信息。

图 1-27　银行开户成功后界面

九、组织架构

➤（初始界面）组织架构→企业岗位管理→新建（为企业设立岗位名称、设置岗位权限）。

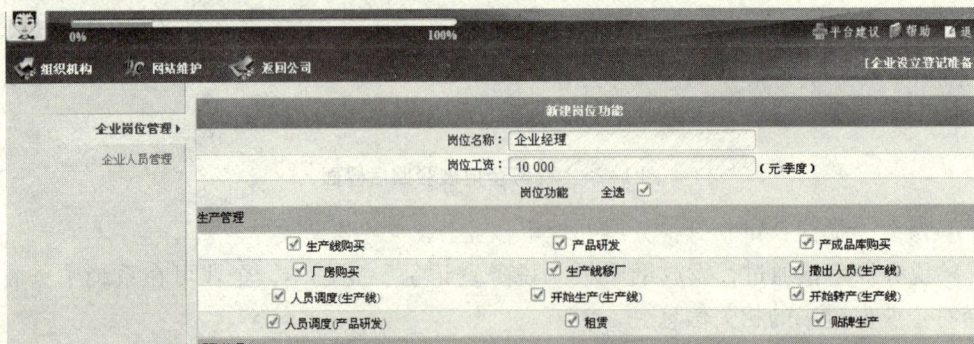

图1-28　企业岗位管理页面

➤（初始界面）组织架构→企业人员管理→设置岗位（为企业员工分配管理角色）→提交。

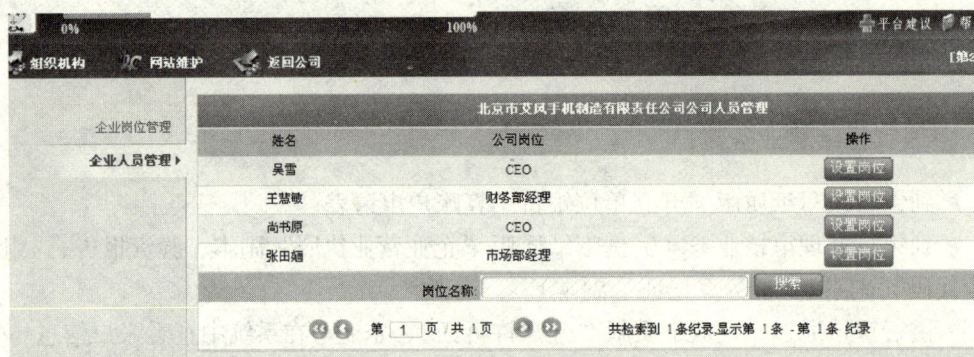

图1-29　企业人员管理界面

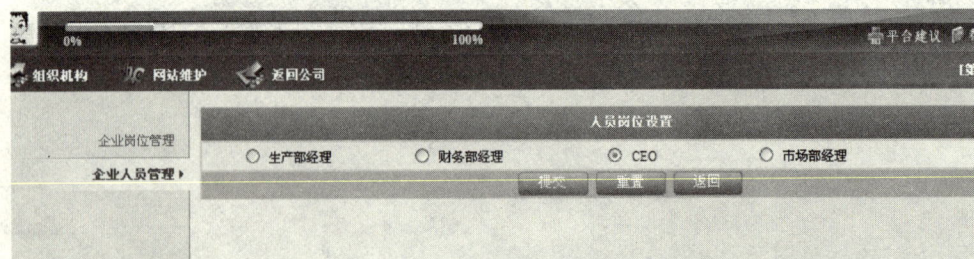

图1-30　人员岗位管理页面

注意：在企业的经营过程中，可根据本公司情况进行修改。

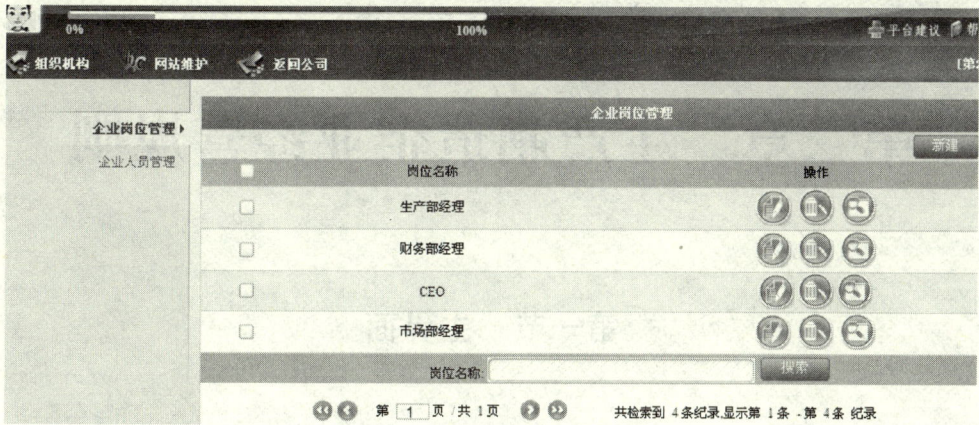

图1-31 企业岗位管理界面

企业注册成功后，各企业把"企业营业执照""组织机构代码证""税务登记证"和"开户许可证"张贴在公司橱窗处。

第二章　生产制造企业经营规则

第一节　主界面

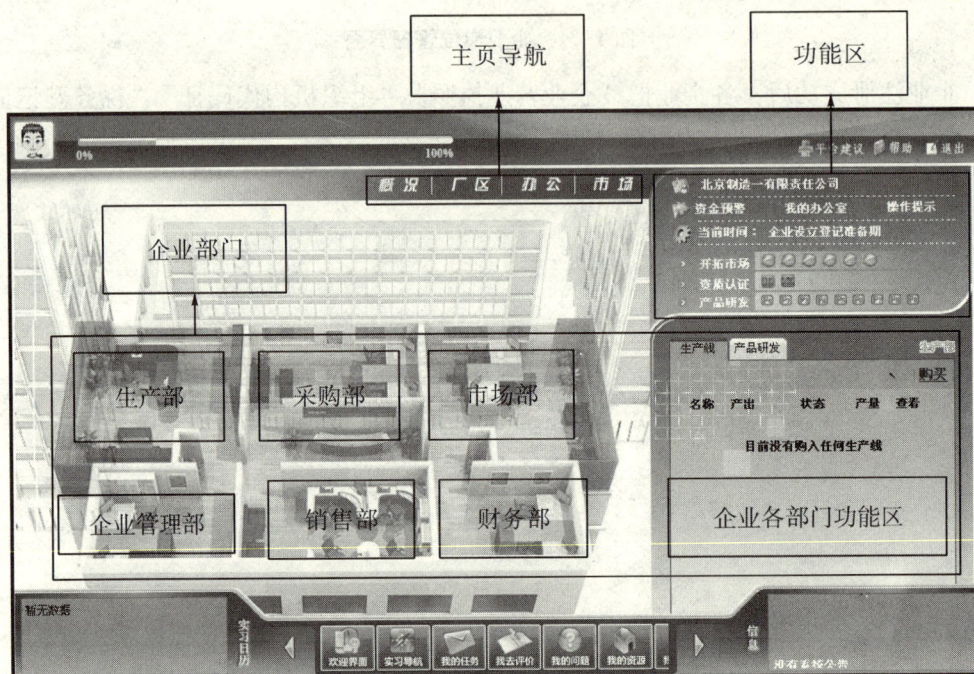

图 2-1　生产制造企业主界面

一、主页导航

（一）概况

主页导航主要包括市场、产品、原材料销售等季度价格、需求走势图。

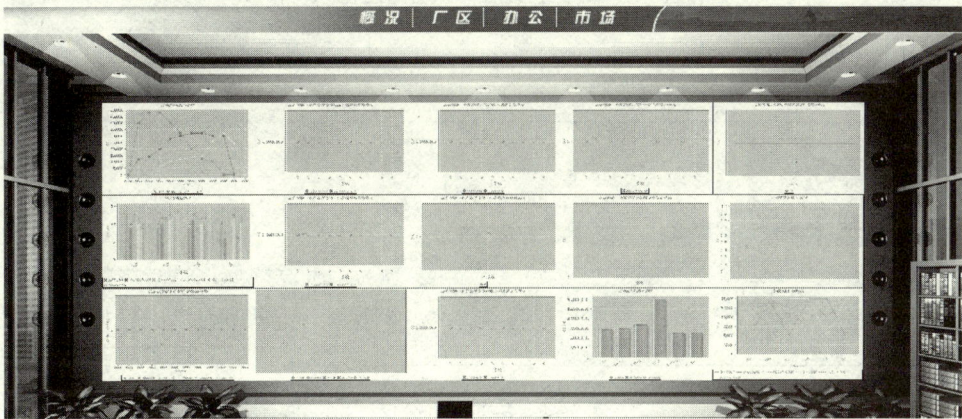

图 2-2　概况界面

（二）厂区

　　企业注册完成之后，初次进入系统首先需要选择自己厂区的地理位置。厂区确定之后，才可以兴建厂房、生产线等。

　　企业购买厂区之后，则可以进入厂区主界面。

图 2-3　厂区界面

（三）办公

　　企业各部门业务处理的操作界面。

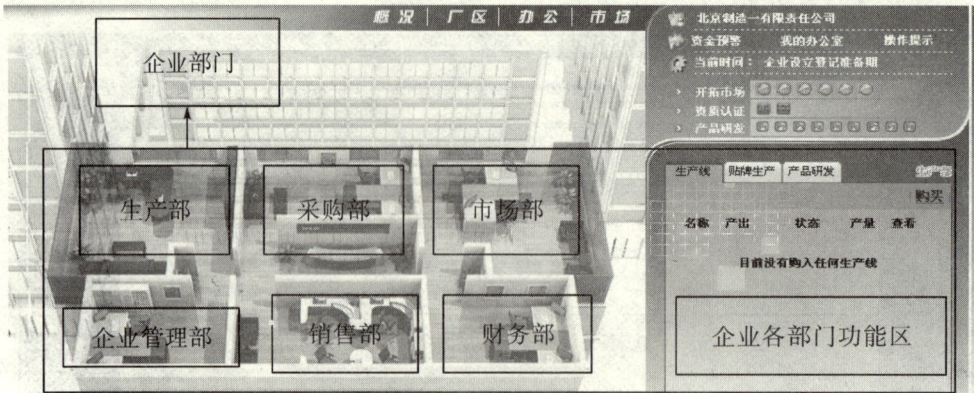

图2-4 各部门办公区

（四）市场

制造企业与制造企业进行交易的场所。

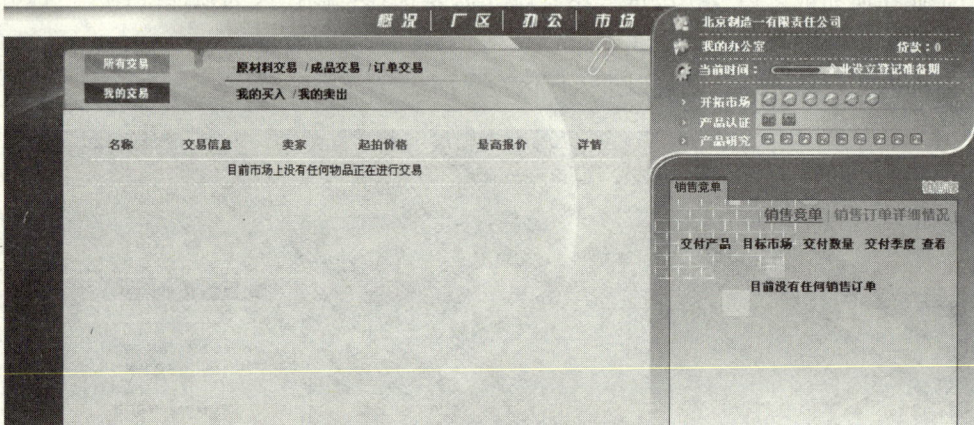

图2-5 市场交易平台

二、功能区

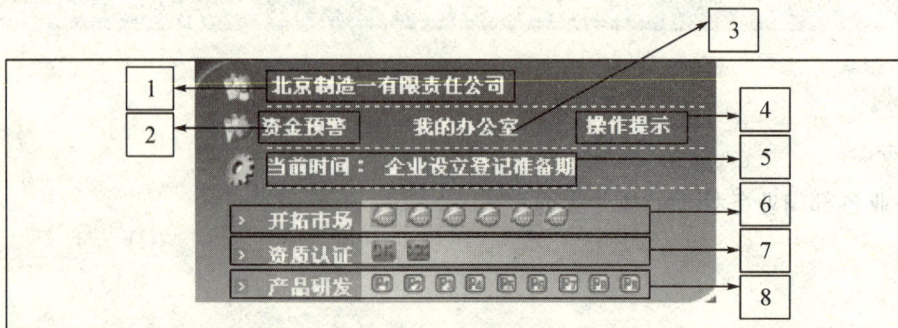

图2-6 功能区

（一）企业名称

显示企业注册的名称。

（二）资金预警

资金预警为预计值，与企业发展方向决策有关，财务数值只起到操作期间预警告知的作用，准确的财务数值需查看财务报表。

（三）我的办公室

企业每个部门在功能区都会有我的办公室。在我的办公室里，企业各部门可以完成各自部门具体的工作。

图 2-7　我的办公室

（四）操作提示

提示下季度之前必须完成的操作，而本季度还未进行操作。

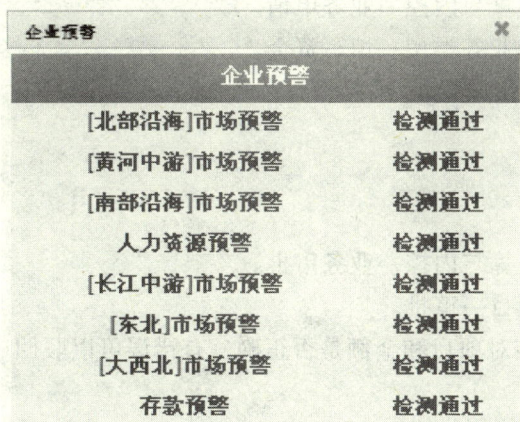

图 2-8　操作提示

（五）当前时间

显示目前实训时间。

（六）开拓市场

显示市场部开拓的市场，已开拓成功的市场图标会被点亮。

（七）资质认证

显示企业管理部门办理的资质，已通过的资质认证图标会被点亮。

（八）产品研发

显示生产部研发的产品，已研发成功的产品图标会被点亮。

第二节　资金申请说明

资金是企业的"血液"，是企业赖以生存和发展的基础。企业资金充裕不仅可以及时偿还债务，支付职工薪酬，而且还可以满足企业的日常生产经营和对外扩张的需要；反之，企业资金短缺，轻则影响到企业的正常运转和生产经营等问题，重则危及企业的生存与发展。企业在生产经营方面的很多问题都和资金管理息息相关。

由于资金的使用周转牵涉企业内部的方方面面，企业管理者要认识到管好、用好、控制好资金不只是财务部门的职责，因为它是关系到企业的各个部门、各个生产经营环节的大事。所以，要层层落实，严格把关，提高资金的周转和使用效率。

企业各部门在经营过程中按照企业计划进行的采购、科研研发、人员工资等，所有和资金相关的工作，都需要预先在所在部门进行申请，等待部门经理审批完成之后，财务部门核准审批，资金才可以投入使用。

一、申请资金

➢ 我的办公室→预算与内控→业务申请。
➢ 申请业务→选择业务类型→填写资金。
➢ 选择部门审批人。
➢ 提交。

二、所在部门审批

➢ 我的办公室→预算与内控→业务审批。
➢ 选择所审批的项目→审批。
注意：审批时要核对项目和金额是否正确，有错误可以驳回申请。

三、财务部门审批

➢ 财务部→财务管理（右侧功能区）。
➢ 财务会计→业务审批。
➢ 选择所审批的项目→审批。
注意：
（1）只有财务经理才能有此权限；
（2）审批时要核对项目和金额是否正确，有错误可以驳回申请；
（3）审批后的资金专款专用，不能拆分、合并使用；
（4）审批后未使用的资金仍然在公司账户。
至此部门经理与财务经理审批完成之后，资金就可以投入使用了。

第三节 厂区

企业在成立初期，首先要选择并购买一个厂区，作为本企业的生产经营场所。

一、厂区规则

本行业有京津唐经济特区、环渤海经济特区、长三角经济特区、珠三角经济特区、东北老工业基地、西部大开发基地六个不同的地区，每个地区内都有不同类型的大、中、小型厂区可供选择。

厂区相当于土地。每个企业在整个经营过程中，只能购买一个厂区。在厂区内可以建设产成品库、原材料库、厂房。购买厂区后，所有类型厂区分别允许企业建造产成品库一座、原材料库一座、厂房一座。在经营过程中，企业根据实际需要，要求增加各类建筑数量时，需要将厂区进行扩建，使其能够建造更多的产成品库或原材料库或厂房。

表2-1　　　　　　　　　　　　　厂区基本情况表

所在地区	代表城市	类型	购买价格（元）	本地市场名称	每次扩建增加的建筑物	最大扩建等级	扩建基本费用（元/次）
京津唐地区	北京	小型	150 000	黄河中游	1	3	250 000
		中型	200 000	黄河中游	1	4	200 000
		大型	250 000	黄河中游	1	5	250 000
环渤海地区	大连	小型	150 000	北部沿海	1	3	350 000
		中型	200 000	北部沿海	1	4	200 000
		大型	400 000	北部沿海	1	5	500 000
长江三角洲地区	武汉	小型	100 000	长江中游	1	3	300 000
		中型	300 000	长江中游	1	4	150 000
		大型	400 000	长江中游	1	5	250 000
珠江三角洲地区	深圳	小型	100 000	南部沿海	1	3	300 000
		中型	350 000	南部沿海	1	4	300 000
		大型	450 000	南部沿海	1	5	350 000
东北老工业基地	吉林	小型	150 000	东北	1	3	150 000
		中型	250 000	东北	1	4	200 000
		大型	350 000	东北	1	5	250 000
西部大开发基地	成都	小型	100 000	大西北	1	3	100 000
		中型	200 000	大西北	1	4	150 000
		大型	300 000	大西北	1	5	200 000

相关说明：

（1）厂区购买必须一次性付款。

（2）不同类型的厂区，价格不同，扩建等级和每次扩建费用也不同。扩建等级越高，花费越大。

实际扩建花费=扩建基本费用×扩建等级

（3）厂区每扩建一次，可以增加一座建筑物，用于建造产成品库、原材料库或厂房。

（4）厂区购买后，不需要支付开拓费用即可拥有本地市场资格，并在系统中将该市场标记为"本地市场"。

二、厂区购买流程

➢ 点击功能区的厂区，查看购买费用。

➢ 申请资金，资金审批。

➢ 选择要购买的厂区→购买。

厂区购买完成之后才可以在厂区中心购买建造厂房或者租赁厂房、购买建造产成品库或者租赁产成品库、购买建造原材料库或者租赁原材料库，以及进行厂区扩建。

图2-9　厂区主界面

三、厂区扩建流程

➢ 厂区→厂区扩建→查看扩建费用。

➢ 申请扩建资金，资金审批。

➢ 开始扩建。

➢ 完成扩建。

四、厂区中心介绍

（一）仓储管理

（1）入库管理：原材料、产成品入库。

注意：季度末还没有入库的产品、原材料将被系统锁定在待转区，将不能进行任何操作，损失由企业自行承担。

（2）出库管理：审批原材料、产成品领料申请。

（二）建造中心

（1）厂房（购买的）：查看厂房内信息。

（2）产成品库（购买的）：查看产成品库内信息。

（3）原材料库（购买的）：查看原材料库内信息。

（三）仓库租赁中心

（1）产成品库（租赁的）：查看产成品库内信息。

（2）原材料库（租赁的）：查看原材料库内信息。

（四）厂房租赁中心

厂房（租赁的）：查看厂房内信息。

第四节　生产部

选择厂区后，企业根据企业规划决策，选择购买或租赁厂房、原材料库、产成品库。这三类库房分别用于存放生产线、原材料和产成品，并且每季度对自行建造的库房收取一定数量的维护费用，对存放在库房中的原材料和产成品按照季末存放的数量收取保管费用。

固定资产可以选择购买或者租赁。购买须一次性付款，支付后可以立即投入使用。购买的固定资产每季度须承担维护费用，维护费用在下一季度支付；租赁的固定资产在租赁以后马上可以使用，每季度须承担租赁费，租赁费在下一季度支付。租赁的固定资产不支付维护费，但仍需要支付材料和产成品保管费用。

生产部的主要任务是：根据企业经营决策所确定的经营方针、经营目标、经营战略、经营规划，运用计划、组织、控制等职能，把投入生产过程的各种生产要素有效结合起来，形成有机整体；按照规定的数量、期限和成本，生产出社会需要的产品或劳务。

图 2-10 生产部主界面

一、厂房

(一) 厂房规则

购买厂区后，企业可以根据企业规划决策，选择自行兴建或者租赁厂房，企业只有购买或租赁厂房后，才可以购买生产线或者贴牌生产。

厂房有大、中、小型三种规格，不同规格的厂房的价格及容量都不同。

表 2-2   厂房基本信息表

厂房类型	容量（条）	兴建			租赁
		兴建价格（元）	维护费用（元/季度）	折旧期限（季度）	租赁费（元/季度）
小型厂房	1 条	300 000	1 000	10	65 000
中型厂房	2 条	600 000	2 000	10	85 000
大型厂房	3 条	900 000	5 000	10	150 000

相关说明：

(1) 当租赁时间到期时，如果租赁的厂房内无生产线，系统将自动退租；如果租赁的厂房有生产线，系统自动将租赁合同延期一个季度。

(2) 租赁费用在下一个季度支付。

(二) 厂房购买流程

➤ 点击厂区→建造中心，查看购买费用。

➤ 申请资金，资金审批。

➤ 选择要购买的厂房类型→购买。

(三) 厂房租赁流程

➤ 点击厂区→厂房租赁中心，查看租赁费用。

➤ 申请资金，资金审批。

➤ 选择要租赁的厂房类型→租赁。

二、产成品库

(一) 产成品库规则

购买厂区后，企业可以根据企业规划决策，选择自行兴建或者租赁产成品库，用来存放各类产成品。

产成品库有大、中、小型三种规格，不同规格的产成品库的价格及容量都不同。

表 2-3　　　　　　　　　　　　　　　**产成品库基本信息表**

产成品库类型	容量（个）	兴建			租赁
		兴建价格（元）	维护费用（元/季度）	折旧期限（季度）	租赁费（元/季度）
小型产成品库	1 000	360 000	5 000	10	66 000
中型产成品库	1 500	660 000	6 000	10	126 000
大型产成品库	2 000	900 000	6 000	10	300 000

相关说明：

（1）系统中，企业生产的产品在下季初完工时手动入库。

（2）当租赁时间到期时，如果库内库存为 0，系统自动退租；如果库内存在产品，系统自动将租赁合同延期一个季度。

（3）租赁费用在下一个季度支付。

（4）租赁库内产品全部清空后，可以主动退租。退租时当即支付本季度的租赁费。

（5）每次领取的产品必须在仓库中，可以分散在不同的仓库中。

(二) 产成品库购买流程

➢ 点击厂区→产成品库，查看购买费用。

➢ 申请资金，资金审批。

➢ 选择要购买的产成品库类型→购买。

注意：产成品库是即买即用，要选择合适的时间购买。

(三) 产成品库租赁流程

➢ 点击厂区→产成品库租赁中心，查看租赁费用。

➢ 申请资金，资金审批。

➢ 选择要租赁的产成品库类型→租赁。

注意：产成品库是即租即用，要选择合适的时间租赁。

三、原材料库

(一) 原材料库规则

购买厂区后，企业可以根据企业规划决策，选择自行兴建或者租赁原材料库，用来存放开展生产所需的原辅材料。

原材料库有大、中、小型三种规格，不同规格的原材料库的价格及容量都不同。

表2-4　　　　　　　　　　　　　原材料库基本信息表

原材料库类型	容量（个）	兴建			租赁
		兴建价格（元）	维护费用（元/季度）	折旧期限（季度）	租赁费（元/季度）
小型原材料库	6 000	300 000	3 000	10	65 000
中型原材料库	8 000	380 000	6 000	10	88 000
大型原材料库	10 000	780 000	6 000	10	228 000

相关说明：

（1）系统中，企业订购的材料每个季度初手动入库。

（2）当租赁时间到期时，如果库内库存为0，系统自动退租；如果库内存在物料，系统自动将租赁合同延期一个季度。

（3）租赁费用在下一个季度支付。

（4）租赁库内物料全部清空后，可以主动退租。退租时当即支付本季度的租赁费。

（5）每次领取的原材料必须在仓库中，可以分散在不同的仓库中。

（二）原材料库购买流程

➤ 点击厂区→原材料库，查看购买费用。

➤ 申请资金，资金审批。

➤ 选择要购买的原材料库类型→购买。

注意：原材料库是即买即用，要选择合适的时间购买。

（三）原材料库租赁流程

➤ 点击厂区→原材料库租赁中心，查看租赁费用。

➤ 申请资金，资金审批。

➤ 选择要租赁的原材料库类型→租赁。

注意：原材料库是即租即用，要选择合适的时间租赁。

四、生产线

（一）生产线规则

企业可以根据生产决策，购买生产线，用于组织开展生产。

系统中模拟四种类型的生产线，不同生产线的价格及产量各不相同。

表 2-5　　　　　　　　　　　　　生产线基本信息表

生产线类型	购买价格（元）	安装周期（季度）	转产周期（季度）	维护费用（元/季度）	额定产能（件/季度）	最大产能（件/季度）	折旧期限（季度）
劳动密集型生产线	200 000	1	1	5 000	0	500	10
半自动生产线	1 600 000	1	1	16 000	500	800	10
全自动生产线	2 800 000	1	0	28 000	800	1 200	10
柔性生产线	3 500 000	1	0	35 000	1 200	1 500	10

相关说明：

（1）购买的生产线须安放在厂房中，厂房容量不足时，无法购买安装生产线。

（2）购买生产线一次性支付全部价款，付款后开始安装，在价款支付完毕的下一季度生产线安装完成，安装完成的当季度可以投入使用。

（3）建成后的生产线支付维护费，维护费用在下一个季度支付。

（4）产量：生产线购入后，生产线每季度产量为默认产能（额定产能），如500/800，500 指的是额定产能，800 指的是最大产能。

企业可以通过招聘生产工人和管理人员，并且将人员调入生产线进行生产，使生产线的产能得到提高，直到产能等于最大产能时，每季度产出量将不再提高。

（5）企业开展信息化可以提高生产线的最大产能。

（6）安装完成的生产线需下达生产指令才能开始生产。

（7）生产线转产需在生产线建成完工，而且在空闲状态下才能进行。转产无需支付转产费，但有的生产线有转产周期。

（二）生产线购买流程

➤ 点击生产部→生产线，查看购买费用。

➤ 申请资金，资金审批。

➤ 选择要购买的生产线与产品类型→购买。

注意：要计划好使用合适的生产线来生产产品，以免造成不必要的损失。

五、产品生产

（一）产品生产规则

（1）产品生产需要投入原材料，仓库中的原材料数量只有满足现有产能时，才能开始生产。

（2）每条生产线的本季产量不能低于该生产线的额定产能，不能高于本生产线的允许最大产能。

（3）各条生产线可以生产企业已经研发成功的成品，但同时只能生产一种产品，如要生产其他类型产品，需进行转产。

（4）每种产品的生产周期均为一季度。即产品本季度投入生产，下季度即完工，可以手动入库。

（二）产品生产流程

➢ 点击生产部→生产线→查看。

➢ 领料生产，等待审批。

➢ 仓储中心审批后，点击生产。

六、贴牌生产

（一）贴牌生产规则

企业如果产能不足，可以选择贴牌生产，即委托系统中的厂家进行生产。

表 2-6 贴牌厂家信息一览表

产品类型		L 型	H 型	O 型	S 型
厂家 A	贴牌数量（个）	500	500	500	500
	第一次贴牌总价（元）	1 150 000	1 886 000	2 346 000	3 496 000
	第二次贴牌总价（元）	1 200 000	1 968 000	2 448 000	3 648 000
厂家 B	贴牌数量（个）	800	800	800	800
	第一次贴牌总价（元）	1 760 000	2 886 400	3 590 400	5 350 400
	第二次贴牌总价（元）	1 840 000	3 017 600	3 753 600	5 593 600
厂家 C	贴牌数量（个）	1 200	1 200	1 200	1 200
	第一次贴牌总价（元）	2 520 000	4 132 800	5 140 800	7 660 800
	第二次贴牌总价（元）	2 640 000	4 329 600	5 385 600	8 025 600
厂家 D	贴牌数量（个）	1 500	1 500	1 500	1 500
	第一次贴牌总价（元）	3 000 000	4 920 000	6 120 000	9 120 000
	第二次贴牌总价（元）	3 150 000	5 166 000	6 426 000	9 576 000

相关说明：

（1）市面上每季度提供贴牌生产企业的产能总数是有限制的，每当一家企业选择贴牌生产之后，贴牌生产产品的价格会随着企业贴牌数量的增加而逐步提高。当贴牌生产的产量达到饱和后，将不能贴牌生产。

（2）企业只可以贴牌生产已经研发成功的产品类型。

（3）贴牌产品在下一季度验收入库，产品入库时一次性支付全部价款。

（4）表中贴牌价格为不含税价格，企业在支付贴牌费用时，应支付相应增值税额。

（二）贴牌生产流程

➢ 点击生产部→贴牌生产→贴牌，查看费用。

➢ 申请资金，资金审批。

注意：贴牌生产不同于购买生产线，贴牌生产资金申请时必须加上17%的增值税。

➢ 选择贴牌产品→供应商→选择贴牌批次与类型→提交。

七、产品研发

(一)产品研发规则

制造企业开始都可以生产 L 型产品,如果企业想生产新的产品,就需要投入资金和人力进行产品研发。

产品研发分为两种类型:一种是新品研发,另一种是技术研发。新品研发主要包括 H 型、O 型、S 型三种,研发出这三种类型的新产品后,就可以生产新型的产品。技术型研发主要包括智能手机系统、小游戏、高清摄像头、多媒体播放器、环保材料等,技术型研发可以提高产品等级,进而影响市场竞争力。

表 2-7   产品研发基本信息表

研发类型	研发名称	推荐资金(元)	资金有效期(季度)	基本研发能力要求	影响产品类型	提高产品等级	市场最高售价(元)
新品研发	L 型产品	0	4	0	L 型	0	5 000
	H 型产品	1 500 000	4	100	H 型	0	8 200
	O 型产品	2 000 000	4	240	O 型	0	10 200
	S 型产品	2 500 000	4	300	S 型	0	15 200
技术研发	智能操作系统	600 000	2	70	H 型、O 型、S 型	2	
	小游戏	150 000	2	30	H 型、O 型、S 型	3	
	高清晰摄像头	150 000	2	0	H 型、O 型、S 型	2	
	多媒体播放器	200 000	2	0	H 型、O 型、S 型	3	
	环保材料	300 000	2	50	L 型、H 型、O 型、S 型	4	

相关说明:

(1)基本研发能力要求:对应研发人员的研发能力,只有该研发项目的研发人员能力达到该项要求后,研发才能开始。

(2)推荐资金:推荐企业在资金有效期内达到的资金额,以保证研发成功。

(3)资金有效期:企业投入研发资金能够对研发产生效果的时间。

(4)产品研发可以一次性集中投入资金研发,也可以分期投入资金研发。

(5)研发成功率=〔企业投入的有效研发资金/推荐资金×80%+(投入的研发人员研发能力-基本研发能力要求)/100×20%〕-(20%~40%)。

(6)本季度投入资金,下一个季度系统提示产品研发是否成功。如果研发成功率达到100%,下一季度肯定研发成功。研发成功的当季度可以投入生产。

(二)产品研发流程

➤ 根据研发成功率公式,计算所需资金。

> 申请资金，资金审批。
> 生产部→产品研发→查看。
> 点击人员调入、撤出，对人员进行安排→研发。
> 选择所要研发的产品→投入研发→投入资金→提交。

八、产品库存

产品存放在产成品库库房，产品在库房存放会产生一定的库存成本。

表 2-8   产成品库存费用一览表

产成品名称	规格	市场最高售价（元）	库存成本（元/件·季度）
L 型	10×20×10	5 000	28
H 型	10×20×11	8 200	60
O 型	10×20×10	10 200	70
S 型	10×20×10	15 200	80

相关说明：
（1）所有存放在仓库的产品均发生库存成本。
（2）库存成本按照季末库存数量计算，一次性支付。

九、产成品交易

（一）产成品交易规则

制造企业与制造企业之间可以通过"市场交易"将产成品库内的产品摆在市场上出售，买家只能是制造企业，系统不会购买各企业摆放在市场上的产品。

（1）企业可以在市场上购买同类型企业出售的产品，买方可以按照卖方的价格要求出价，卖方确定后，买方即可获得相应产品。

（2）如果企业出现误操作，将产品摆在市场上出售，可以通过市场，用相应的价格将产品再买回来。当然自己买自己的东西是不会有任何损失的。

（二）产成品交易流程（制造企业和制造企业之间）

> 交易双方签订合同。
> 【卖方】产成品库→领料申请。
> 【卖方】仓储中心→出库管理→审批。
> 【卖方】产成品库→产成品交易→输入价格→提交（可以在市场上查看）。
> 【买方】在市场上竞价，然后双方持合同到【卖方】的指导教师处确认。
> 【卖方】指导教师点击【卖出】，并在合同上签名。
指导教师核准合同单价是否符合相关规定，并核准交易总额是否填写正确。
> 双方可到银行进行转账业务
银行在做转账业务时需检查该笔交易是否有指导教师签名的合同，符合规定予以

办理；否则，对双方企业进行罚款，罚款金额为【最高单价×交易量】的双倍。

注意：

（1）这里的交易价格是指该批产品的总价。

（2）提交成功后，产品在市场交易平台出售。

（3）买家可向所要购买的产品出价，卖家得到合适的价格可点击卖出。

（4）买家所购买的产品立即到货，不必支付物流、保险等附加费用。

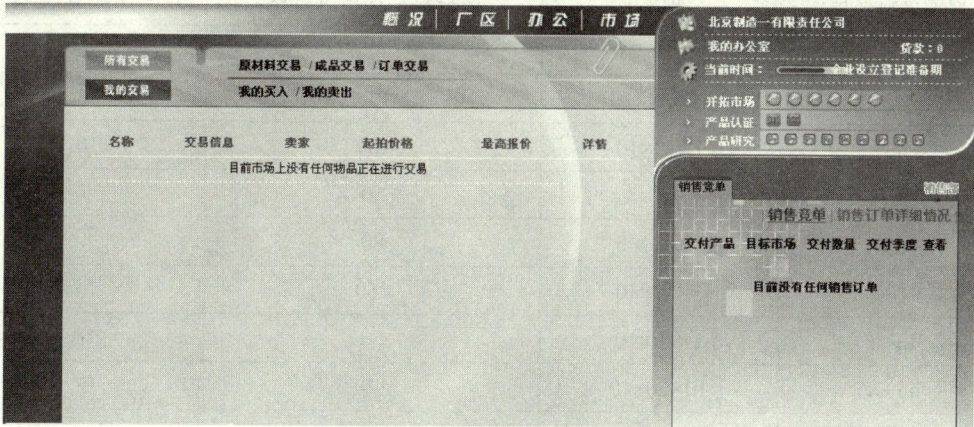

图 2-11　市场交易平台主界面

第五节　采购部

采购部主要负责采购企业生产所需物资，保证生产经营活动持续进行。

采购部要根据企业的拓展规模以及年度的经营目标，制订有效的采购目标和采购计划；组织实施市场调研、预测和跟踪公司采购需求，熟悉各种物资的供应渠道和市场变化情况，据此编制采购预算和采购计划，实施采购的预防控制和过程控制，有效降低成本。

图 2-12　采购部主界面

一、原材料采购

（一）原材料采购规则

企业组织生产需提前按照产品 BOM 结构采购原辅材料。

表 2-9   原辅材料库存费用信息表   单位：元

原辅材料名称	规格	原材料平均市场价格	库存成本
M1	5×1×3	200	20
M2	10×30×10	130	13
M3	1×10×10	100	10
M4	3×3×3	50	5
M5	10×10×5	80	8
M1-X	1×10×10	160	16
M2-X	1×10×10	60	6
M3-X	10×20×10	120	12
M4-X	10×20×11	80	8
M5-X	1×10×10	100	10

相关说明：

（1）当企业采购某种原辅材料时，首先须选择供应商，确定供应商供货的时间。供应商供货的时间可以选择第一季度供货、第二季度供货、第三季度供货。

（2）每家供应商的材料价格不同，而且每季度供应材料的数量是有限的。

（3）材料款在下订单时一次性支付。

（4）库存成本在每季度末按库存的材料的数量计算，在下一季度支付。

（二）原材料采购流程

➤ 采购部→供应商→查看费用。

➤ 申请资金，资金审批。

注意：原材料采购时未含税，资金申请时必须加上 17% 的增值税。

➤ 采购部→供应商→查看。

➤ 采购→选择供货时间→输入采购数量→提交。

注意：采购成功后，可以在采购单中查看采购类型、采购数量、到货时间等信息。

二、BOM

原材料采购前要查看产品生产所需的原材料类型，才能为企业订购所需的原材料，可以在 BOM 中进行查看。

注意：L 型产品既是企业生产产品中的一种，也是 H 型、O 型和 S 型产品生产中的原材料，所以在系统中被称为半成品，要储存在产成品库中。

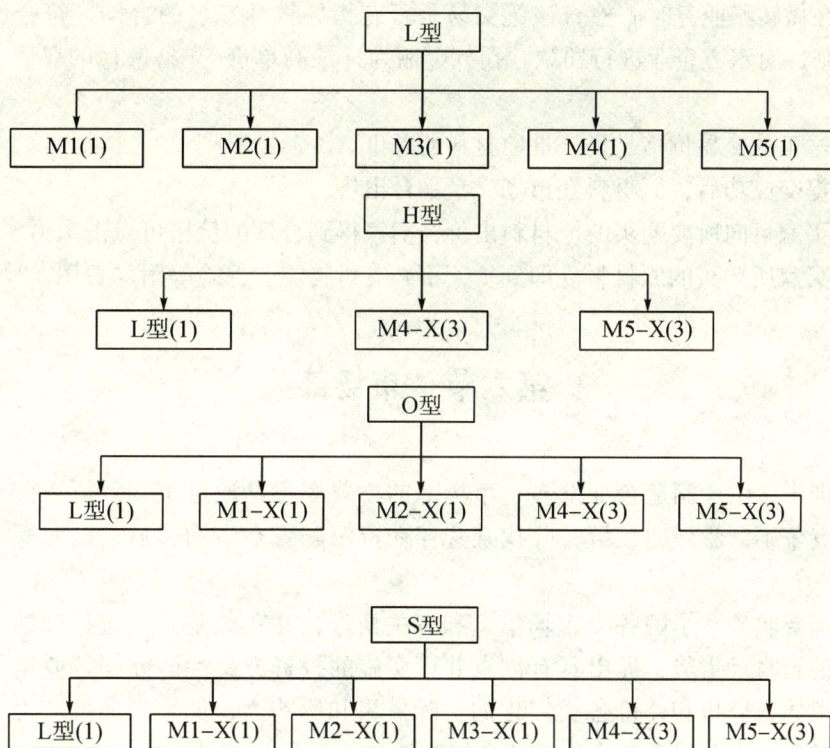

图 2-13　产品物料清单

三、原材料交易

（一）原材料交易规则

制造企业与制造企业之间可以通过"市场交易"将原材料库内的原辅材料摆在市场上出售，买家只能是制造企业，系统不会购买各企业摆放在市场上的产品。

（1）企业可以在市场上购买同类型企业出售的原辅材料，买方可以按照卖方的价格要求出价，卖方确定后，买方即可获得相应原辅材料。

（2）如果企业出现误操作，将原辅材料摆在市场上出售，可以通过市场，用相应的价格将产品再买回来。当然自己买自己的东西是不会有任何损失的。

（二）原材料交易流程（制造企业和制造企业之间）

➤ 交易双方签订合同。

➤【卖方】原材料库→领料申请。

➤【卖方】仓储中心→出库管理→审批。

➤【卖方】原材料库→原材料交易→输入价格→提交（可以在市场上查看）。

➤【买方】在市场上竞价，然后双方持合同到【卖方】的指导教师处确认。

➤【卖方】指导教师点击【卖出】，并在合同上签名。

指导教师核准合同单价是否符合相关规定，并核准交易总额是否填写正确。

➤ 双方可到银行进行转账业务。

银行在做转账业务时需检查该笔交易是否有指导教师签名的合同，符合规定予以办理；否则，对双方企业进行罚款，罚款金额为【最高单价×交易量】的双倍。

注意：

（1）这里的交易价格是指该批原材料的总价。

（2）提交成功后，原材料在市场交易平台出售。

（3）买家可向所要购买的原材料出价，卖家得到合适的价格可点击卖出。

（4）买家所购买的原材料立即到货，不必支付物流、保险等附加费用。

第六节　市场部

在实训中，生产制造企业众多，市场部的主要职责是通过市场调研、投资策略整合，寻找竞争不太激烈的领域，寻找某些存在资源配置空白的领域，以发挥本企业的优势。

市场部要收集和了解各类市场信息和有关情报，并在此基础上进行归纳分析，根据本企业的自身优劣势，提出具有创意并可实施的投资方案；研究同行业竞争厂家广告投入的媒体，分析和评价各类广告的实际效果和影响力，加大产品推广力度；开拓多渠道营销，建立并维系各合作方的良好关系。

图 2-14　市场部主界面

一、产品定价

（一）产品定价规则（系统竞单定价）

在每个季度参与竞争的前一季度，必须对参与竞争的每个产品进行定价，否则当市场开拓后依然无法参与竞争，从而无法获得订单。

企业需要根据市场情况制定本企业各类产品在不同的市场上的定价。企业在销售竞单过程中，出价额必须在企业在该市场的产品定价额上下 300 元的区间内。

在销售竞单过程中，各类产品的售价的区间有市场管控，如果企业定价超出市场管控的价格区间，企业将无法出价。

表 2-10   各类产品价格市场管控信息表   单位：元

产品类型	L 型	H 型	O 型	S 型
最高售价	5 000	8 200	10 200	15 200
最低售价	2 500	4 100	5 100	7 600

（二）产品定价流程

➤ 市场部→产品定价。

➤ 定价→设定价格。

注意：

（1）该处价格是指参加销售竞单的出价。

（2）可以对每个市场按产品类型单独定价，也可以对同一产品类型进行批量定价。

（三）产品、原材料交易价格限制（企业和企业之间定价）

企业和企业交易过程中，各类产品和原材料售价的价格区间有市场管控。如果企业之间的交易单价超出市场管控的价格区间，企业将无法出售产品或原材料，并受到相应的惩罚。

表 2-11   各类产品、原材料价格（含税价）市场交易管控信息表   单位：元

产成品			原材料					
类型	最高单价	最低单价	类型	最高单价	最低单价	类型	最高单价	最低单价
L 型	6 000	2 000	M1	252	175	M1-X	202	140
H 型	9 840	3 280	M2	164	114	M2-X	76	53
O 型	12 240	4 080	M3	126	88	M3-X	152	105
S 型	18 240	6 080	M4	63	44	M4-X	101	70
			M5	101	70	M5-X	126	88

二、市场投资

（一）市场投资规则

企业可以通过各种宣传手段，投入广告费，来开拓市场和提高市场影响力。

表 2-12   各宣传手段信息表

宣传手段	最少投入资金（元/市场）	资金分配比率（%）	投放形式	每季度允许投放次数
全球性杂志广告	300 000	50	群体市场	1
国内促销	250 000	100	个体市场	1
公益广告	300 000	110	个体市场	1
全球性促销	500 000	60	群体市场	1

表 2-13 市场开拓费用表 单位：元

市场名称	代表城市	临时性开拓所需费用	永久性开拓所需费用	临时市场维护费用
东北	吉林	350 000	7 000 000	350 000
南部沿海	深圳	360 000	7 200 000	288 000
黄河中游	北京	450 000	8 000 000	320 000
大西北	成都	100 000	15 000 000	900 000
北部沿海	大连	300 000	6 000 000	480 000
长江中游	武汉	300 000	6 000 000	300 000

相关说明：

（1）资金分配比率是指投入本项宣传的广告费将会按照分配率进入选中的市场形成有效资金。（例如，A 企业采用全球性杂志向东北、长江中游、黄河中游三个地区共投入 90 万元，按照分配比率 50%计算每市场实际产生的广告费用是 90×50% = 45 万元，且在三个市场同时有效）。

以全球性杂志广告为例：

企业想在东北、南部沿海、大西北、北部沿海四个市场进行宣传，如果要使投入的资金有效，那么临时性开拓所需资金最多的市场是 36 万元，那么所需投入的资金就是 72 万元（36/50%）。

但是该广告方式要求每个市场最低 30 万元，所以要投入四个市场的总资金为 120万元（30×4）。

最后每个市场的有效资金为 60 万元（120×50%）。

那么该企业要想四个市场都开拓成功，需要投入资金 120 万元。

（2）本季度投放的广告费用，在下一季度生效，每种宣传手段，每季度只能投入一次。

（3）当季度进入该市场的有效资金超过该市场的临时性开拓所需费用时，该市场视为临时性开拓，临时性开拓后，企业可以接收本市场的订单，临时性开拓每季度需要支付市场维护费用。当季度进入该市场的有效资金达到该市场的永久性开拓所需费用时，该市场视为永久性开拓，永久性开拓之后，企业可以接收本市场的订单，市场永久性开拓后不需要再支付维护费用。

（4）企业进入市场的有效资金数额直接影响企业在本市场的市场影响力。市场影响力将直接影响企业在本市场的销售竞单的竞标扣分。

某市场影响力=本企业市场有效投资总额/该市场所有有效投资总额

（5）个体投放和群体投放。个体投入的广告一次只能面向一个市场；群体投放则允许一笔广告费同时投入多个市场。

（二）市场投资流程

➢ 查看费用→申请资金，资金审批。
➢ 市场部→市场投资→投资活动。

➢ 选择宣传手段→投资资金。

➢ 选择要投放的市场区域→投放资金→提交。

第七节　销售部

销售部的主要职责是负责企业的客户开发、渠道开发等，参与制订并实施公司的营销战略与销售计划、销售方案，有效地维护渠道、管理客户，完成公司下达的产品销售计划指标。

在实训中，销售部主要全面负责产品销售工作，会同市场部制订企业的销售战略与销售计划，并将企业销售计划指标分解，制订、执行实现计划指标的具体措施；负责组织市场销售的运作，提出调整价格、产品品种、产品分配流向和改进销售办法的建议、措施；负责组织产品营销工作，确保销售量、销售额、市场占有率计划的实现，确保产品货款的按期结算和资金的按期回收；组织进行营销合同的谈判，代表企业与客户、经销商、代理商签订销售合同；深入了解本行业，把握最新销售信息，为企业提供业务发展战略依据。

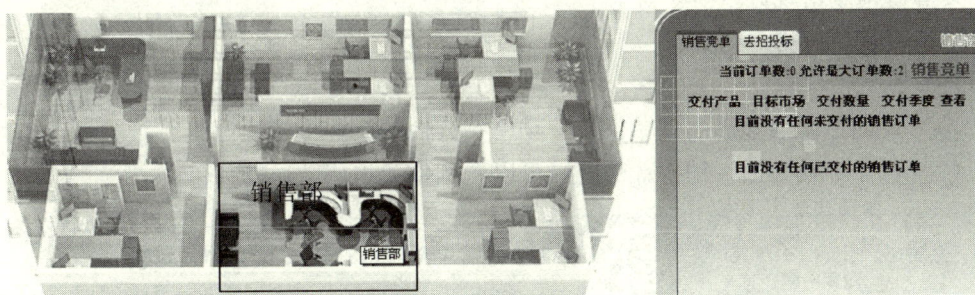

图 2-15　销售部主界面

在本模拟实训中，制造企业的主要销售方式包括三种。

第一种，竞单。通过在系统模拟的市场中进行竞单销售。采用此方式销售产品，企业必须投入广告费开拓市场，才能接到该市场的订单。

第二种，竞标。参与招投标中心的市场竞标活动，取得销售订单。竞标必须按照招标人的要求准备标书参与竞标。

第三种，谈判。与其他制造企业或贸易公司之间谈判，签订销售合同进行产品销售。

一、销售竞单

（一）销售竞单规则

竞单是企业获得订单的主要途径，是在企业已开拓市场中进行反向拍卖的方式。当订单时间到期时，竞标扣分最低者获得该订单。

（1）最高最低竞价：每种产成品都有最高和最低的竞标价格，企业在竞单时不能超出该价格区间进行竞价。

（2）交付时间：每笔订单都有交付时间，订单需要在交付时间前将产成品进行交付；过期不交付，将扣除此订单总价20%的违约金，订单也将被收回。

（3）竞标扣分：系统根据企业的出价、市场占有率、产品性能等级、企业资质认证等级，综合计算后的扣除分值，分值小的企业中标。

竞单扣分=出价×［1.65-市场影响力×1.0-（产品等级/10.0）-（企业资质等级/10.0）］×（1-信息化销售能力）

（4）竞单时间：该订单保持的时间。当时间为零时，该订单的竞单结束，"竞标扣分"最少的企业将获得该订单。如果订单无人问津，则该订单流标，不再进行此订单的竞单。

（5）竞单价格：该价格为企业竞单的出价。在竞单过程中，企业可多次出价。竞单出价区间为上季度产品定价上下浮动300元。（例如，上季度产品定价2 800元的L型产品，本季度竞单出价的区间为2 500~3 100元）

（二）销售竞单流程

> 销售部→销售竞单。
> 等待市场出现订单→参与竞争。
> 填写竞单价格→提交。

注意：

（1）此时系统会显示出竞单得分，竞单扣分低的企业可得到订单。

（2）竞单成功之后，销售部功能区可以看到你竞单成功后的订单。

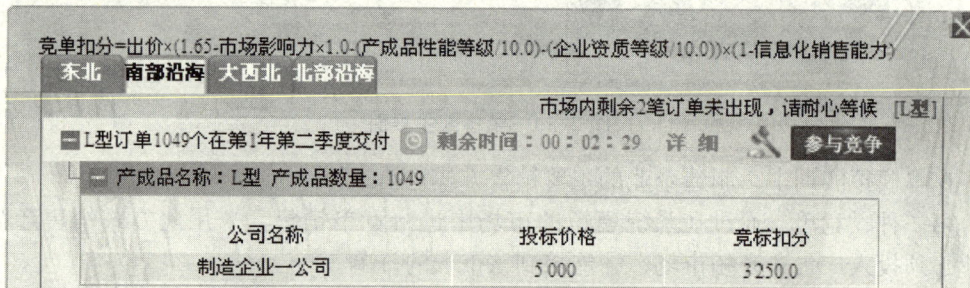

图2-16 销售竞单主界面

二、订单交付

（一）订单交付规则

订单在交付时间之前，只要库存满足订单要求，便可以进行交付产品。交付完成后，订单将变成"绿色"标识，并且将在下一季度获得收款货款。

如果使用贴现功能，货款在交付当季度即可收到，但是要收取此订单总额20%的手续费。

订单交付时，卖方需向物流公司支付运输费用，所交付的产品当季就可到货。

表 2-14 物流费用一览表

运输区段	外包运输费用(元/个)	运输区段	外包运输费用(元/个)
京津唐地区—吉林	12	环渤海地区—成都	15
京津唐地区—深圳	14	环渤海地区—吉林	15
京津唐地区—北京	5	环渤海地区—深圳	15
京津唐地区—成都	15	环渤海地区—北京	15
京津唐地区—大连	10	环渤海地区—大连	5
京津唐地区—武汉	15	环渤海地区—武汉	15
京津唐地区—首尔	50	环渤海地区—首尔	50
京津唐地区—伦敦	80	环渤海地区—伦敦	80
长江三角洲地区—成都	15	东北老工业基地—吉林	5
长江三角洲地区—吉林	15	东北老工业基地—武汉	15
长江三角洲地区—深圳	15	东北老工业基地—大连	15
长江三角洲地区—北京	15	东北老工业基地—北京	12
长江三角洲地区—大连	15	东北老工业基地—深圳	15
长江三角洲地区—武汉	5	东北老工业基地—成都	15
长江三角洲地区—首尔	50	东北老工业基地—首尔	50
长江三角洲地区—伦敦	80	东北老工业基地—伦敦	80
珠江三角洲地区—吉林	15	西部大开发基地—吉林	15
珠江三角洲地区—深圳	5	西部大开发基地—北京	15
珠江三角洲地区—北京	15	西部大开发基地—深圳	15
珠江三角洲地区—大连	15	西部大开发基地—武汉	15
珠江三角洲地区—武汉	15	西部大开发基地—大连	15
珠江三角洲地区—成都	15	西部大开发基地—成都	5
珠江三角洲地区—首尔	50	西部大开发基地—首尔	50
珠江三角洲地区—伦敦	80	西部大开发基地—伦敦	80

（二）订单交付流程

制造企业向系统交订单、制造企业向贸易公司交订单的流程。

➢ 销售部→销售竞单→查看。

➢ 选择生产基地→领料交付。

➢ 仓储中心→出库管理→审批。

➢ 销售部→销售竞单→查看→物流交付。

➢ 第一次进行货物运输时，要与物流公司签订合同。

➢ 发布信息后，到物流、保险公司办理。

➢ 物流交付成功后，订单交付成功，订单变为绿色。

三、订单贴现

对于已经成功交付的订单（账期未到），可以进行贴现。贴现成功后，企业将立刻获得订单总额 80%的现金，贴现成功后订单消失。

第八节　企业管理部

企业管理部是综合管理部门，具有企业综合管理职能和做好 CEO 管理参谋的职能。

在实训中，企业管理部的主要职责是在 CEO 的领导下，制订企业的战略发展规划，并协助推行；负责企业制度建设和各项管理制度的制定与推行；负责公司的人力资源、信息化、资质认证等工作。

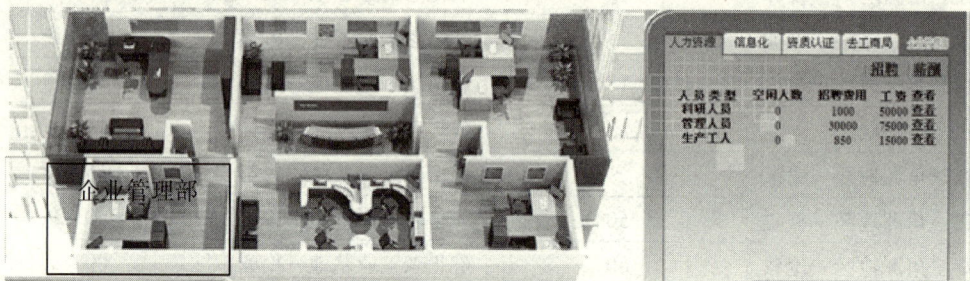

图 2-17　企业管理部主界面

一、人力资源

（一）人力资源规则

驱动生产线生产、提高研发项目的效率都需要员工，企业通过人力资源招聘各式各样的人才，并且将人员分配到合适的岗位开始工作。每种类型的人员都有各种能力，企业在人才招聘时，要注意能力的搭配，在尽可能地减少人力成本的同时，提高工作效率。

表 2-15　　　　　　　　　　　人力资源信息表

人员类型	招聘费用（元/人）	产能提高率（%）	研发能力提高率（%）	产能	研发能力	工资（元/人·季度）
科研人员	1 000	0	0	0	10	50 000
管理人员	30 000	45	45	0	0	75 000
生产工人	850	0	0	15	0	15 000

相关说明：

（1）招聘的人员在当季度即可投入工作，招聘费用在招聘时立即支付。

（2）科研人员进入研发项目后，在产品研发成功以前，不能调出。在产品研发成功的当季度，研发人员即成为空闲人员，可调用。

（3）生产工人在产品完工之前不能从生产线上调出。在每季度产品投产前，生产工人可自由调度。

（4）人员工资在下一季度支付。人员解聘时需支付当季度工资。

（5）向生产线安排生产类人员是提升生产线额定生产能力的唯一途径，人员安排有多种组合，其主要决策为减少人力成本，提高生产效率。

总提升生产能力=生产能力（工人）×人数（工人数量）+生产能力（工人）×人数（工人数量）×生产能力提高百分比（管理人员）×人数（管理人员人数）

总提升研发能力=科研人员研发能力×人数（科研人员数量）+科研人员研发能力×人数（科研人员数量）×研发能力提高率（管理人员）×人数（管理人员人数）

（二）招聘流程

➢ 查看费用→申请资金，资金审批。

➢ 企业管理部→人力资源→招聘。

➢ 录用→填写招聘人数→提交。

注意：如果要解聘人员，要先申请解雇人员的工资，然后选择解雇人员的类型，输入解雇人员的数量，最后提交。

（三）薪酬

➢ 企业管理部→人力资源→薪酬。

➢ 薪酬管理→编制工资表→提交。

注意：该处编辑的工资表是指本企业员工的工资设定，而不是系统中所招聘的人员工资。

二、信息化

（一）信息化规则

通过信息化的实施，能够从各方面获得能力提升，系统为企业提供了多种信息化实施手段以提高企业竞争力，包括生产能力、人力资源水平、销售能力、产品性能。

表 2-16　　　　　　　　　　信息化项目明细表

信息化名称	销售能力增幅（%）	生产能力增幅（%）	产品性能增幅（%）	降低人工成本（%）	实施金额（元）	总花费时间（季度）
企业绩效考核咨询	0	0	25	65	300 000	4
企业营销策略咨询	35	0	25	0	600 000	1
企业资源计划管理咨询	0	35	50	33	800 000	1
企业薪酬制度解决方案	35	45	20	−80	450 000	4

相关说明：

（1）销售能力提升，可以提升订单上限，还能够影响销售竞单时的竞标扣分。

竞单数量＝系统允许最大订单数×（1+销售能力增幅%）

（2）项目开始实施后，每个季度将按照项目曲线进行增长（20%、50%、80%、100%），直到项目实施结束。

（3）生产能力增幅提升的是生产线的最大产能。

（二）开展信息化流程

➤ 查看费用→申请资金，资金审批。

➤ 企业管理部→信息化→开展信息化。

➤ 选择开展的信息化类型→实施。

三、资质认证

（一）资质认证规则

资质认证包括ISO9000和ISO14000，企业通过资质认证后将降低销售竞单中的竞标扣分。

表2-17　　　　　　　　　　资质认证信息表

资质认证名称	需要时间（季度）	企业资质增加等级	总投入（元）
ISO9000	2	1	1 000 000
ISO14000	2	2	1 500 000

相关说明：

（1）所需时间：认证所需要花费的时间。

（2）总投入：投入资金总和达到该数值开始申请质量认证。

（二）资质认证流程

➤ 查看费用→申请资金，资金审批。

➤ 企业管理部→资质认证→认证。

➤ 投入资金→提交。

第九节　财务部

财务部是企业财务工作的管理、核算、监督指导部门，主要职责是根据企业发展规划编制和下达企业财务预算，并对预算的实施情况进行管理；对企业的生产经营、资金运行情况进行核算；对企业资金给予预警提示。

在实训中，财务部要负责财务与审计有关制度的拟订、实施和监督检查；各部门预算、决算和财务报表、报告的编报，配合有关部门监督预算执行进度；进行成本核算与效益分析，开展增收节支；财务管理、会计核算、收入、支出管理、收费、票据管理及各类专项资金的管理；财务预算编制、决算报告及日常财务收支等有关经济活动的审计监督。（相关事宜可分别咨询银行、工商局、税务局、会计师事务所）

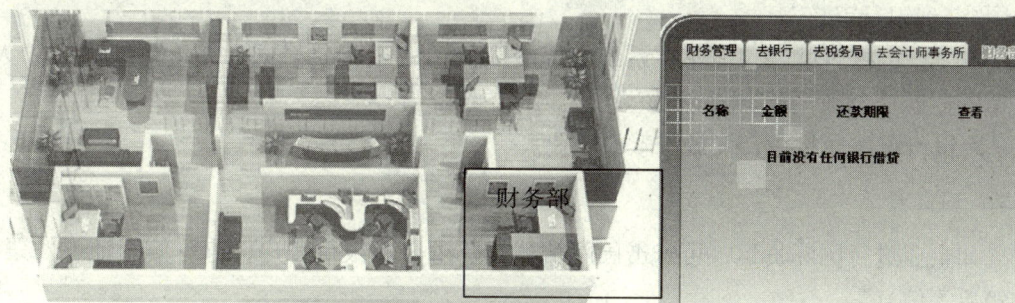

图 2-18　财务部主界面

一、财务管理

（1）转账记录：可以详细查看企业每季度每笔业务所发生费用的情况，并进行转账业务。

（2）业务数据：可以查询到企业每一项财务数据。

（3）工资发放：发放企业员工工资。

（4）业务审批：对企业各部门申请的资金进行财务审批。

二、去银行

企业可以去银行办理的业务有账户银行信息管理、开户业务、贷款业务、结算业务。

企业在经营过程中，可以根据战略发展需要向银行贷款。

（1）贷款额度：上季度所有者权益×2-已贷金额。

（2）贷款期限：长期贷款和短期贷款，以季度为单位。

（3）贷款利率：默认长期贷款年利率6%、短期贷款年利率4%。

（一）贷款业务流程

➤ 财务部→去银行→贷款业务。

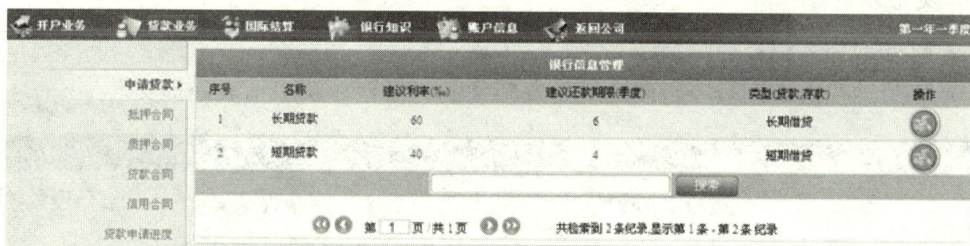

图 2-19　贷款业务界面

➤ 申请贷款（长期或短期）→填写贷款申请书→选择合同类型（信用贷款）→

提交。

➢ 填写纸质版"贷款申请书"，到银行审核。

➢ 银行审核通过后，企业在系统中提交信用贷款合同，并填写纸质版"信用贷款合同"，到银行审核。

➢ 银行审核通过后，企业在系统中提交人民币资金借贷合同，并填写纸质版"人民币资金借贷合同"，到银行审核。

➢ 银行审核通过后，发放贷款给企业。

（二）国际结算

如企业进行国际货运，可点击国际结算，登录企业银行账户，查看信用证、发票、装箱单等信息。

三、去税务局

（一）纳税人税种登记申请

➢ 财务部→去税务局。

➢ 填写纳税人识别号→行政审批→税务登记→纳税人税种登记表→提交。

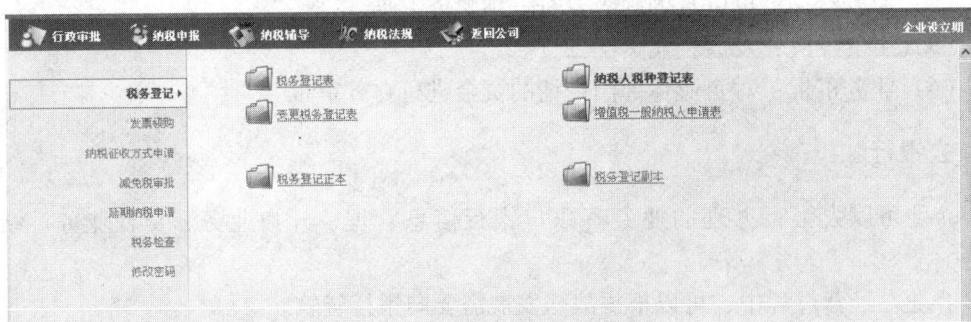

图 2-20　纳税人税种登记表界面

➢ 填写纸质版"纳税人税种登记表""增值税一般纳税人申请表"。

➢ 携带纸质版"纳税人税种登记表""增值税一般纳税人申请表"到税务局办理审核业务。

（二）发票领购

➢ 财务部→去税务局。

➢ 填写纳税人识别号→行政审批→发票领购→发票领购申请表→提交。

图 2-21　发票领购申请表界面

➢ 填写纸质版"发票领购申请表"。

➢ 携带纸质版"发票领购申请表"到税务局办理审核业务。

（三）纳税申报

➢ 财务部→去税务局。

➢ 填写纳税人识别号→纳税申报→选择纳税征期→国税进入。

序号	税款所属期间	操作
1	第一年三季度	进入
2	第一年四季度	进入
3	第二年一季度	进入
4	第二年二季度	进入
5	第二年三季度	进入
6	第二年四季度	进入
7	第一年二季度	进入
8	第一年一季度	进入

图 2-22　纳税征期界面

注意：纳税申报具有征期性，一旦征期失效，企业将无法进行该征期的纳税申报业务。

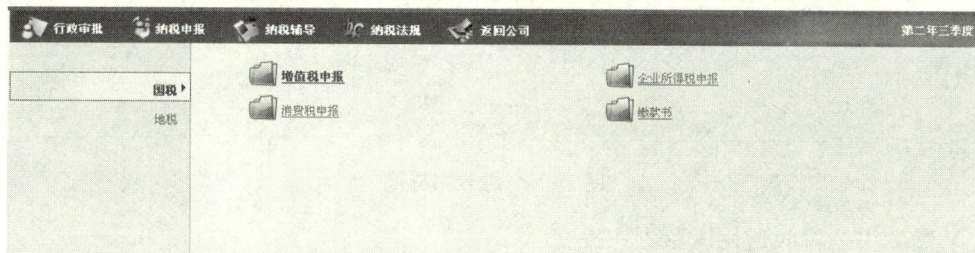

图 2-23　国税界面

➢ 增值税申报→增值税纳税申报表（一般纳税人）→提交，等待税务机关审核。

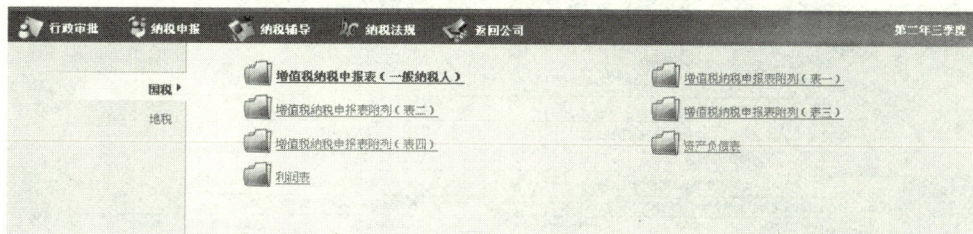

图 2-24　增值税申报界面

➢ 企业所得税申报→企业所得税年度纳税申报表主表→提交，等待税务机关审核。

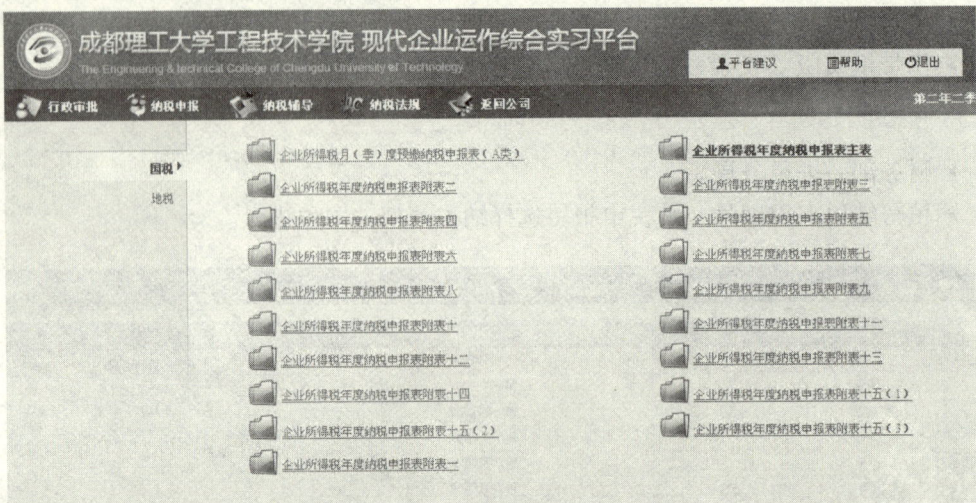

图 2-25　企业所得税申报界面

➢ 填写纸质版"增值税纳税申报表""企业所得税年度纳税申报表"。

➢ 携带纸质版"增值税纳税申报表""企业所得税年度纳税申报表"到税务局进行审核，税务局审核通过后，填写缴款书。

图 2-26　缴款书界面

➢ 缴款书→税收通用缴款书→提交。

注意：增值税和企业所得税的实缴税额合计金额以整数填写。

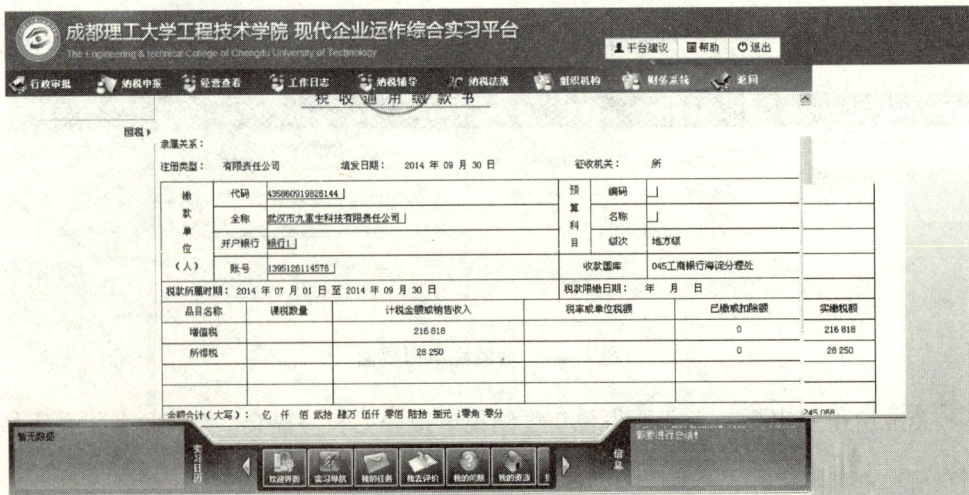

图 2-27　税收通用缴款书页面

注意：

（1）增值税实缴税额＝计税金额×17%－累计进项税额。

（2）实缴税额按照实际计算结果取整数填写。

➢企业开转账支票到银行办理税款缴纳，将转账进账单第一联回单交给税务局工作人员，由税务局开具纳税证明。

四、去会计师事务所

企业每个季度到会计师事务所进行审计业务。

➢企业携带本企业的记账凭证、科目汇总表、资产负债表、利润表到会计师事务所领取纸质版"审计业务约定书"，会计师事务所对企业所交资料审核后在系统中发送"审计业务约定书"。

➢财务部→去会计师事务所。

➢审计→审计业务→审计业务约定书→提交。

➢携带纸质版"审计业务约定书"，到会计师事务所确认。

➢会计师事务所审计完毕，在系统中发送《审计报告》给企业，并出具纸质版《审计报告》，企业可以在系统中查看相关信息。

第三章 贸易公司经营规则

第一节 主界面

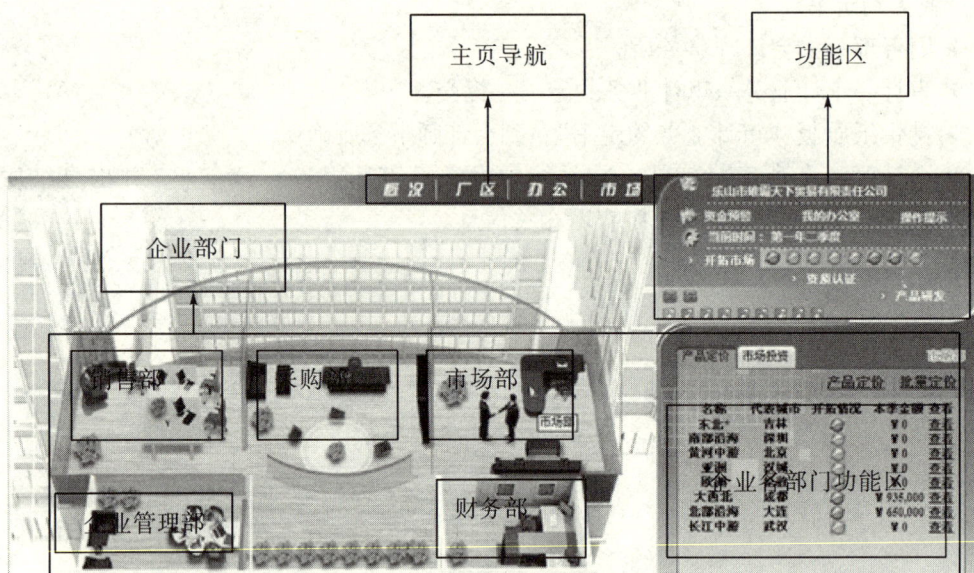

图 3-1 贸易公司主界面

一、主页导航

(一) 概况

主页导航主要包括市场、产品销售等季度价格、需求走势图。见图3-2。

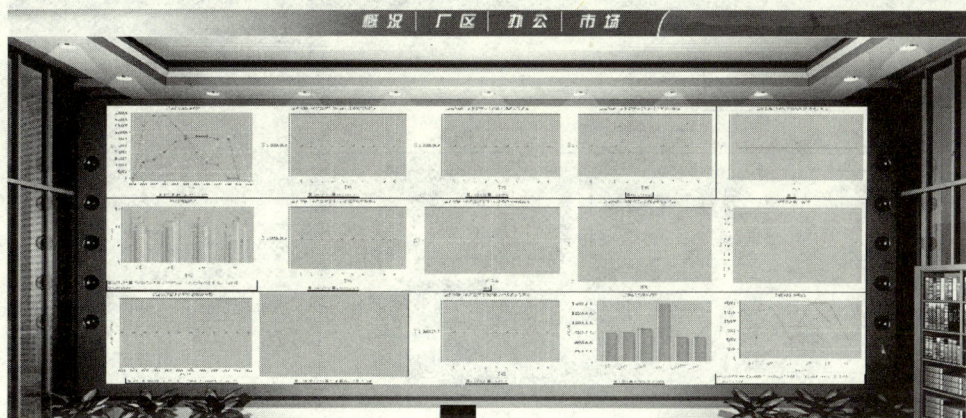

图 3-2　概况界面

（二）厂区

企业注册完成之后，初次进入系统首先需要选择自己厂区的地理位置。厂区确定之后，才可以建造产成品库等。

企业购买厂区之后，则可以进入厂区主界面，见图 3-3。

图 3-3　厂区界面

（三）办公

企业各部门业务处理的操作界面，见图 3-4。

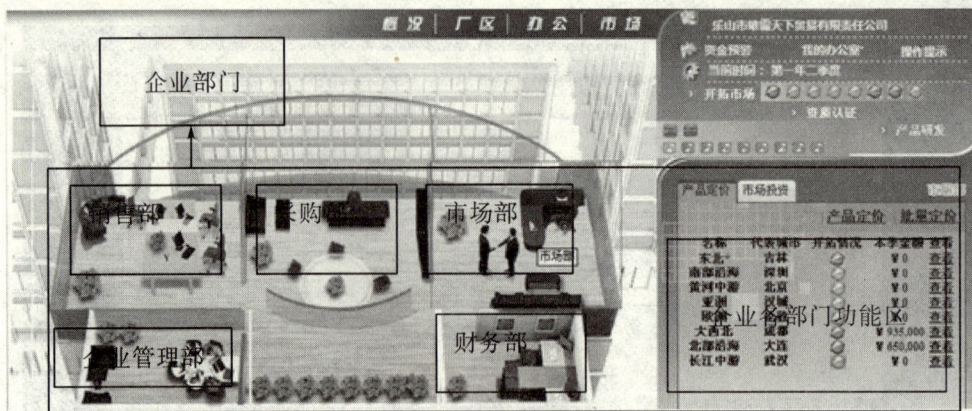

图 3-4　各部门办公区

（四）市场

贸易公司与贸易公司进行交易的场所，见图 3-5。

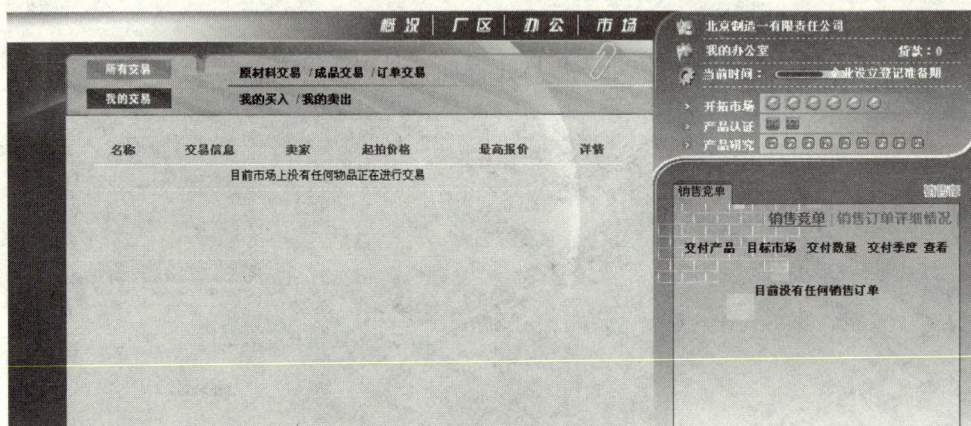

图 3-5　市场交易平台

二、功能区

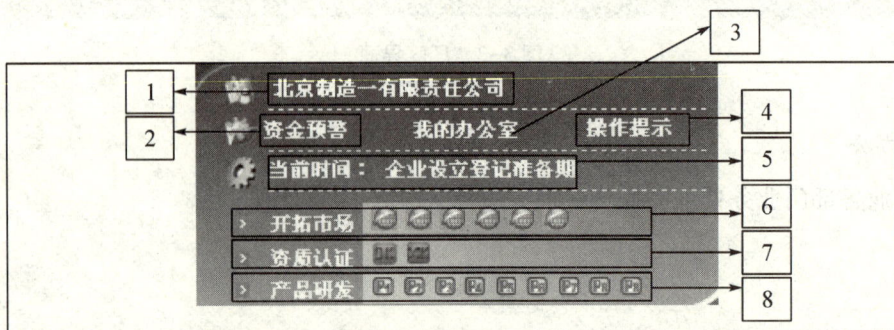

图 3-6　功能区

（一）企业名称

显示企业注册的名称。

（二）资金预警

资金预警为预计值，与企业发展方向决策有关，财务数值只起到操作期间预警告知的作用，准确的财务数值需看财务报表。

（三）我的办公室

企业每个部门在功能区都会有我的办公室。在我的办公室里，企业各部门可以完成各自部门具体的工作。

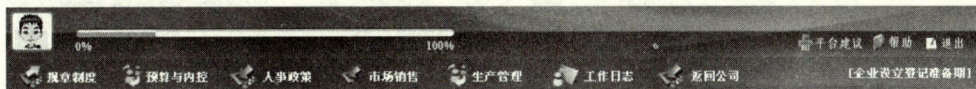

图 3-7　我的办公室

（四）操作提示

提示下季度之前必须完成的操作，而本季度还未进行操作。

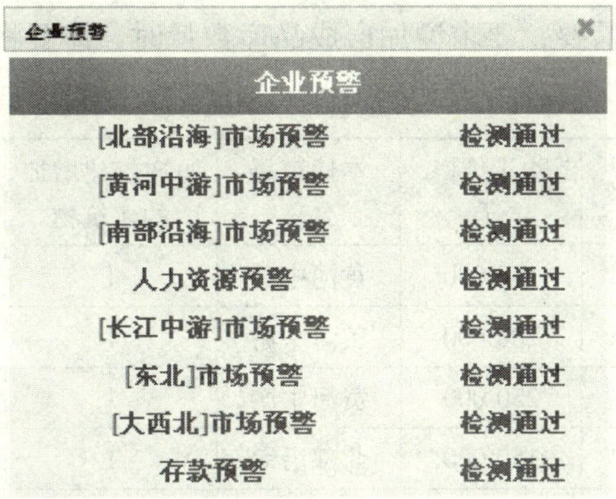
企业预警

企业预警	
[北部沿海]市场预警	检测通过
[黄河中游]市场预警	检测通过
[南部沿海]市场预警	检测通过
人力资源预警	检测通过
[长江中游]市场预警	检测通过
[东北]市场预警	检测通过
[大西北]市场预警	检测通过
存款预警	检测通过

图 3-8　操作提示

（五）当前时间

显示目前实训时间。

（六）开拓市场

显示市场部开拓的市场，已开拓成功的市场图标会被点亮。

（七）资质认证

显示企业管理部门办理的资质，已通过的资质认证图标会被点亮。

（八）产品研发

显示生产部研发的产品，已研发成功的产品图标会被点亮。

第二节　资金申请说明

贸易公司资金申请与生产企业资金申请相同。

第三节　厂区

贸易公司在成立初期，首先要选择并购买一个厂区，作为本企业的生产经营场所。

一、厂区规则

本行业有京津唐经济特区、环渤海经济特区、长三角经济特区、珠三角经济特区、东北老工业基地、西部大开发基地六个不同的地区，每个地区内都有不同类型的大、中、小型厂区可供选择。

厂区相当于土地。每个企业在整个经营过程中，只能购买一个厂区。在厂区内可以建设产成品库。购买厂区后，所有类型厂区允许企业建造产成品库一座。企业在经营过程当中，根据实际需要，要求增加产成品库数量时，需要将厂区进行扩建。

表 3-1　　　　　　　　　　　　厂区基本情况表

所在地区	代表城市	类型	购买价格（元）	本地市场名称	每次扩建增加的建筑物	最大扩建等级	扩建基本费用（元/次）
京津唐地区	北京	小型	150 000	黄河中游	1	3	250 000
		中型	200 000	黄河中游	1	4	200 000
		大型	250 000	黄河中游	1	5	250 000
环渤海地区	大连	小型	150 000	北部沿海	1	3	350 000
		中型	200 000	北部沿海	1	4	200 000
		大型	400 000	北部沿海	1	5	500 000
长江三角洲地区	武汉	小型	100 000	长江中游	1	3	300 000
		中型	300 000	长江中游	1	4	150 000
		大型	400 000	长江中游	1	5	250 000
珠江三角洲地区	深圳	小型	100 000	南部沿海	1	3	300 000
		中型	350 000	南部沿海	1	4	300 000
		大型	450 000	南部沿海	1	5	350 000

表3-1（续）

所在地区	代表城市	类型	购买价格（元）	本地市场名称	每次扩建增加的建筑物	最大扩建等级	扩建基本费用（元/次）
东北老工业基地	吉林	小型	150 000	东北	1	3	150 000
		中型	250 000	东北	1	4	200 000
		大型	350 000	东北	1	5	250 000
西部大开发基地	成都	小型	100 000	大西北	1	3	100 000
		中型	200 000	大西北	1	4	150 000
		大型	300 000	大西北	1	5	200 000

相关说明：

（1）厂区购买必须一次性付款。

（2）不同类型的厂区，价格不同，扩建等级和每次扩建费用也不同。扩建等级越高，花费越大。

实际扩建花费＝扩建基本费用×扩建等级

（3）厂区每扩建一次，可以增加一座建筑物，用于建造产成品库、原材料库或厂房。

（4）厂区购买后，不需要支付开拓费用即可拥有本地市场资格，并在系统中将该市场标记为"本地市场"。

二、厂区购买流程

➤ 点击功能区的厂区，查看购买费用。

➤ 申请资金，资金审批。

➤ 选择要购买的厂区→购买。

厂区购买完成之后才可以在厂区中心购买建造产成品库或者租赁产成品库，以及进行厂区扩建。

图3-9　厂区主界面

三、厂区扩建流程

> 厂区→厂区扩建→查看扩建费用。

> 申请扩建资金，资金审批。

> 开始扩建。

> 完成扩建。

四、厂区中心介绍

（一）仓储管理

（1）入库管理：产成品入库。

注意：季度末还没有入库的产品将被系统锁定在待转区，将不能进行任何操作，损失由企业自行承担。

（2）出库管理：审批产成品领料申请。

（二）建造中心

查看企业购买的产成品库内信息。

（三）仓库租赁中心

查看企业租赁的产成品库内信息。

五、产成品库

（一）产成品库规则

购买厂区后，企业可以根据企业规划决策，选择自行兴建或者租赁产成品库，用来存放各类产成品。

产成品库有大、中、小型三种规格，不同规格的产成品库的价格及容量都不同。

表 3-2   产成品库基本信息表

产成品库类型	容量（个）	兴建			租赁
		兴建价格（元）	维护费用（元/季度）	折旧期限（季度）	租赁费（元/季度）
小型产成品库	1 000	360 000	5 000	10	66 000
中型产成品库	1 500	660 000	6 000	10	126 000
大型产成品库	2 000	900 000	6 000	10	300 000

相关说明：

（1）系统中，企业生产的产品在下季初完工时手动入库。

（2）当租赁时间到期时，如果库内库存为 0，系统自动退租；如果库内存在产品，系统自动将租赁合同延期一个季度。

    （3）租赁费用在下一个季度支付。

    （4）租赁库内产品全部清空后，可以主动退租。退租时当即支付本季度的租赁费。

    （5）每次领取的产品必须在仓库中，可以分散在不同的仓库中。

（二）产成品库购买流程

➤ 点击厂区→产成品库，查看购买费用。

➤ 申请资金，资金审批。

➤ 选择要购买的产成品库类型→购买。

注意：产成品库是即买即用，要选择合适的时间购买。

（三）产成品库租赁流程

➤ 点击厂区→产成品库租赁中心，查看租赁费用。

➤ 申请资金，资金审批。

➤ 选择要租赁的产成品库类型→租赁。

注意：产成品库是即租即用，要选择合适的时间租赁。

六、产品库存

产品存放在产成品库库房，产品在库房存放会产生一定的库存成本。

表 3-3　　　　　　　　　　　产成品库存费用一览表

产成品名称	规格	市场最高售价（元）	库存成本（元/件·季度）
L 型	10×20×10	5 000	28
H 型	10×20×11	8 200	60
O 型	10×20×10	10 200	70
S 型	10×20×10	15 200	80

相关说明：

（1）所有存放在仓库的产品均发生库存成本；

（2）库存成本按照季末库存数量计算，一次性支付。

七、产成品交易

（一）产成品交易规则

贸易公司与贸易公司之间可以通过"市场交易"将产成品库内的产品摆在市场上出售，买家只能是贸易公司，系统不会购买各企业摆放在市场上的产品。

（1）企业可以在市场上购买贸易公司出售的产品，买方可以按照卖方的价格要求出价，卖方确定后，买方即可获得相应产品。

（2）如果企业出现误操作，将产品摆在市场上出售，可以通过市场，用相应的价格将产品再买回来。当然，自己买自己的东西是不会有任何损失的。

（二）产成品交易流程（贸易公司和贸易公司之间）

➢ 交易双方签订合同。

➢【卖方】产成品库→领料申请。

➢【卖方】仓储中心→出库管理→审批。

➢【卖方】产成品库→产成品交易→输入价格→提交（可以在市场上查看）。

➢【买方】在市场上竞价，然后双方持合同到【卖方】的指导教师处确认。

➢【卖方】指导教师点击【卖出】，并在合同上签名。

指导教师核准合同单价是否符合相关规定，并核准交易总额是否填写正确。

➢ 双方可以到银行进行转账业务。

银行在做转账业务时需检查该笔交易是否有指导教师签名的合同，符合规定予以办理；否则对双方企业进行罚款，罚款金额为【最高单价×交易量】的双倍。

注意：

（1）这里的交易价格是指该批产品的总价。

（2）提交成功后，产品在市场交易平台出售。

（3）买家可向所要购买的产品出价，卖家得到合适的价格可点击卖出。

（4）买家所购买的产品立即到货，不必支付物流、保险等附加费用。

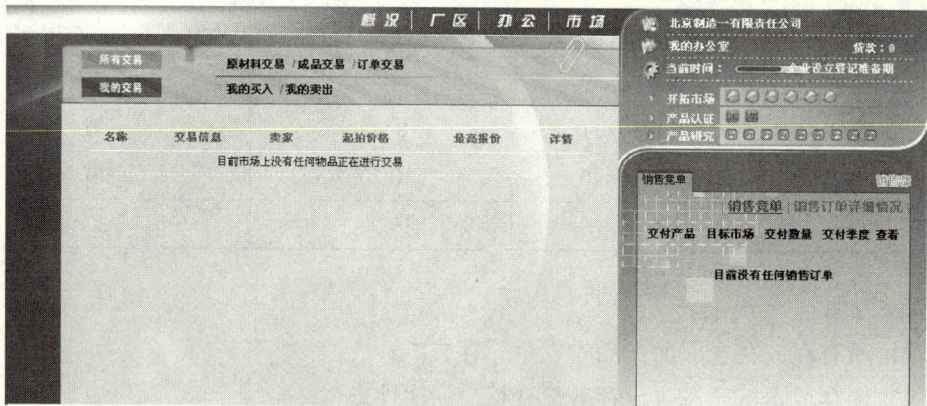

图 3-10　市场交易平台主界面

第四节 采购部

采购部主要负责采购企业所需物资，保证经营活动持续进行。

采购部要根据企业的拓展规模以及年度的经营目标，制订有效的采购目标和采购计划；组织实施市场调研、预测和跟踪公司采购需求，熟悉各种物资的供应渠道和市场变化情况，据此编制采购预算和采购计划，实施采购的预防控制和过程控制，有效降低成本。

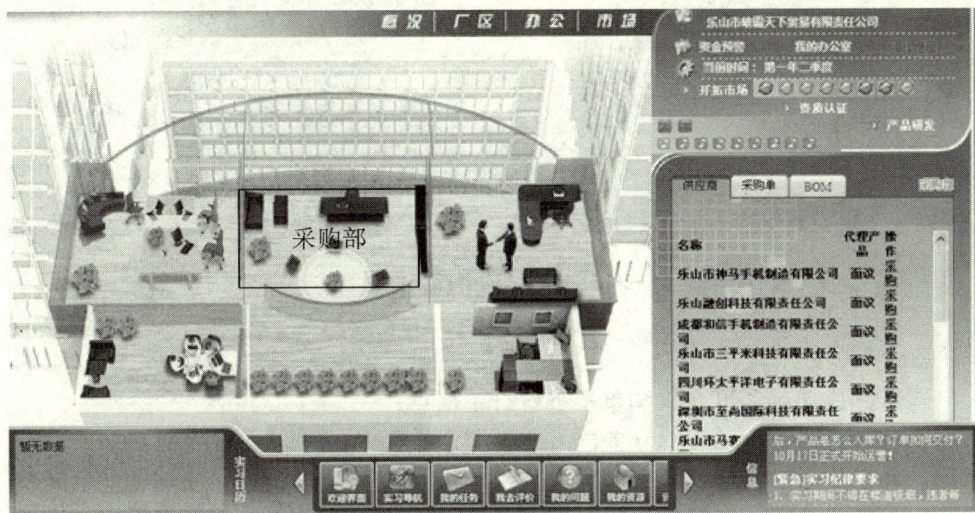

图 3-11 采购部主界面

一、供应商

在实训中制造企业是贸易公司的供应商，贸易公司需要与制造企业进行商务谈判，签订产品销售合同。

二、采购流程

贸易公司向制造企业采购流程。

➢ 交易双方签订合同。

➢ 申请资金，资金审批。

注意：资金申请时必须加上 17% 的增值税。

➢ 采购部→供应商→采购（按照所签订的合同给制造企业下订单）→提交。

➢ 指导教师核准合同单价是否符合相关规定，并核准交易总额是否填写正确，并在合同上签名。

图 3-12 采购单详细信息

注意:

(1) 采购成功后,可在采购单中查看订单信息;

(2) 制造企业可在销售部功能区查看订单信息。

第五节 市场部

在实训中企业众多,市场部的主要职责是通过市场调研、投资策略整合,寻找竞争不太激烈的领域,寻找某些存在资源配置空白的领域,以发挥本企业的优势。

市场部要收集和了解各类市场信息与有关情报,并在此基础上进行归纳分析,根据本企业的自身优劣势,提出具有创意并可实施的投资方案;研究竞争厂家广告投入的媒体,分析和评价各类广告的实际效果与影响力,加大产品推广力度;开拓多渠道营销,建立并维系各合作方的良好关系。

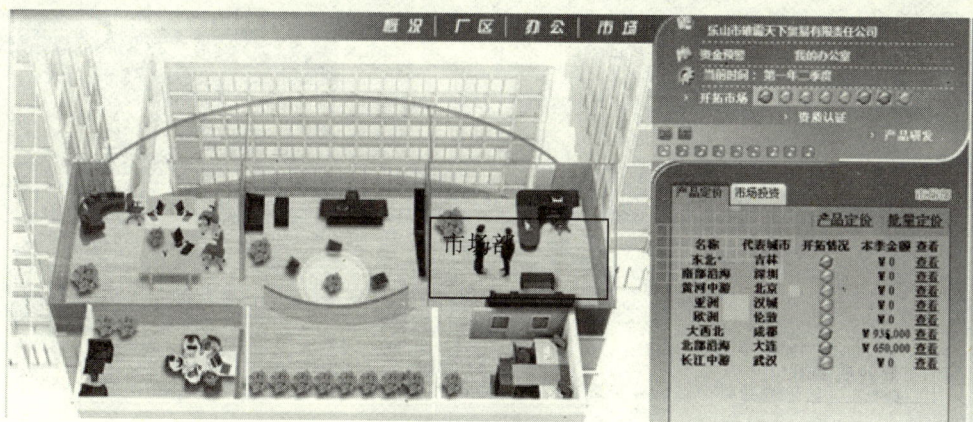

图 3-13　市场部主界面

贸易公司"产品定价"与"市场投资"规则和制造企业相同。

第六节　销售部

贸易公司的销售部与制造企业销售部职责相同，具体参见第二章的相关内容。

图 3-14　销售部主界面

第七节　企业管理部

企业管理部是综合管理部门，具有企业综合管理职能和做好 CEO 管理参谋的职能。

在实训中，企业管理部的主要职责是在 CEO 的领导下，制订企业的战略发展规划，并协助推行；负责企业制度建设和各项管理制度的制定与推行；负责公司的人力资源、信息化、资质认证等工作。

图 3-15　企业管理部主界面

一、人力资源

> 企业管理部→人力资源→薪酬。

> 薪酬管理→编制工资表→提交。

注意：该处编辑的工资表是指本企业员工的工资设定，而不是系统中所招聘的人员工资。

二、信息化及资质认证

贸易公司信息及资质认证同制造企业类似，具体参见第二章的相关内容。

第八节　财务部

财务部是企业财务工作的管理、核算、监督指导部门，主要职责是根据企业发展规划编制和下达企业财务预算，并对预算的实施情况进行管理；对企业的生产经营、资金运行情况进行核算；对企业资金给予预警提示。

在实训中，财务部要负责财务与审计有关制度的拟订、实施和监督检查；各部门预算、决算和财务报表、报告的编报，配合有关部门监督预算执行进度；进行成本核算与效益分析，开展增收节支；财务管理、会计核算、收入、支出管理、收费、票据管理及各类专项资金的管理；财务预算编制、决算报告及日常财务收支等有关经济活动的审计监督。（相关事宜可分别咨询银行、工商局、税务局、会计师事务所）

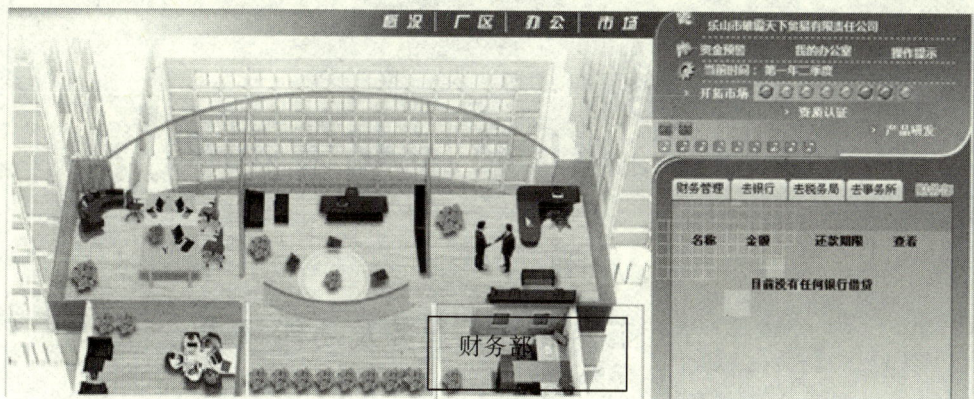

图 3-16　财务部主界面

一、财务管理

（1）转账记录：可详细查看企业每季度每笔业务所发生费用的情况，并进行转账业务。

（2）业务数据：可以查询到企业每一项财务数据。

（3）工资发放：发放企业员工工资。

（4）业务审批：对企业各部门申请的资金进行财务审批。

二、去银行

贸易公司可以去银行办理的业务有账户银行信息管理、开户业务、贷款业务、结算业务，具体参见第二章的相关内容。

三、去税务局

贸易公司在"去税务局"部分所进行的操作与制造企业相同。

四、去会计师事务所

贸易公司每个季度到会计师事务所进行审计业务，具体操作参见第二章的相关内容。

第四章　工商局业务规则

第一节　工商局进入业务及功能概述

一、进入业务界面

在用户登录界面中输入"用户名"和"密码"，选择"登录"。点击"马上行动"，在实习界面的"公共服务区"中找到"工商局"大楼图标。点击此图标，出现"我要去训练""我要去是实习""我要去工作"，选择点击"我要去实习"，则进入了工商局业务界面，见图4-1。具体操作步骤如下：

> 输入用户名、密码。
> 点击"登录"进入业务欢迎界面。
> 找到"政务服务区"。
> 点击"工商局"行政大楼。
> 点击"我要去实习"。

图4-1

二、工商局业务功能概述

工商局业务界面上方工具栏有企业登记、企业年检、监督投诉、返回、当前角色：工商局。见图4-2。

图4-2

➤ 企业登记。主要包括：企业名称预先核准登记通知书、企业设立登记申请书、商标注册、企业分公司登记申请书、企业变更登记申请书、企业注销登记申请书。

➤ 企业年检。包括：企业年检、企业分支机构年检两部分。

➤ 监督投诉。各企业之间起到互相监督的作用。有举报登记单、申诉登记单。

➤ 返回。返回工商局主页面。

➤ 是显示当前角色身份。显示当前角色名称"工商局"。

第二节　企业注册过程中工商局业务

一、企业名称预先核准

企业注册过程中，需先到工商局进行名称预先核准，企业名称预先核准流程，见图4-3。

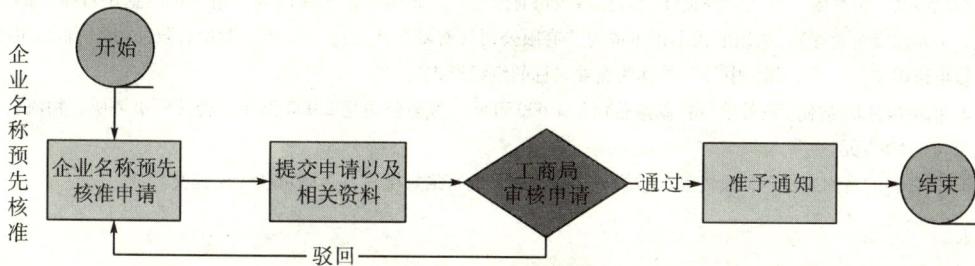

图4-3　企业名称核准登记流程

在企业名称预先核准过程中，工商局的具体操作如下：

➤ 点击工具栏中的"企业登记"。

➤ 点击工具栏下方的左边功能区的"企业名称预先核准登记"。

➤ 点击"企业名称预先核准申请书"，对状态为"未受理"的企业，进行名称核准。审核此表的填写内容时可参见表4-1。

➤ 点击"名称核准"，如果该企业名称可以使用，则发放"准予受理通知书"。

➤ 如果该企业名称不可用，则发放"驳回通知书"。

编号：预核年月编号如"预核2014120001"。受理日期写办理当天即可。

表4-1　　　　　　　　　企业名称预先核准申请书

申请企业名称	行政区划+字号+行业特点+组织形式 ××市××××科技/服务/贸易有限责任公司		
备选企业名称（1）	××市××××科技/服务/贸易有限责任公司（与上名不同）		
备选企业名称（2）			
备选企业名称（3）			
拟申报的住所辖区	乐山　市　　市中　区		
企业类型	⊙有限责任公司 ○有限责任公司（国有独资） ○股份有限公司 ○股份有限公司（上市） ○中外合资企业 ○中外合作企业 ○外商独资企业 ○非公司企业 ○合伙企业 ○个人独资企业		
拟申报注册资本	金额（小写）＿＿1 000＿＿（万元）币种＿＿人民币＿＿		
拟申请从事的行业或经营范围	手机生产制造/手机销售		
投资者的名称或姓名	证照号码	投资额（万元）或股份（万股）	投资或认股比例（%）
张三	学生证号	1 000	100

备注：

1. 企业名称一般由四部分依次组成：行政区划+字号+行业特点+组织形式。如"创业市天腾科技有限公司"。

行政区划：指本企业所在地县级以上行政区域的名称或地名。如此处的"创业市"。

字号：往往是企业名称的简称，不能用数字或字母。如此处的"天腾"。

行业特点：贸易、制造、服务等，如此处的"科技"即属于行业特点。

组织形式：为有限公司（有限责任公司）或股份有限公司。依据其他法律法规申请登记的企业名称（如合伙企业、个人独资企业等），组织形式不得申请为"有限公司（有限责任公司）"或"股份有限公司"。非公司制企业可以申请用"厂、店、部、中心"等作为企业名称的组织形式。

2. 拟申报注册资本金额处填写：制造公司是1 000万元，贸易公司是2 000万元，会计师事务所、物流公司、保险公司是50万元。

3. 投资者的名称或姓名，投资额，投资或认股比例，此行最好填写，否则可能无法提交。

二、企业设立登记业务操作

企业名称预先核准登记审核通过之后，就可以设立公司。图4-4是企业设立登记流程图，图4-5是企业设立具体事宜。如果企业设立登记申请之前如果没有进行名称预先核准，"请先进行企业名称预先核准，在企业名称预先核准未审核通过时，你不能进行企业设立登记及其他项目"。

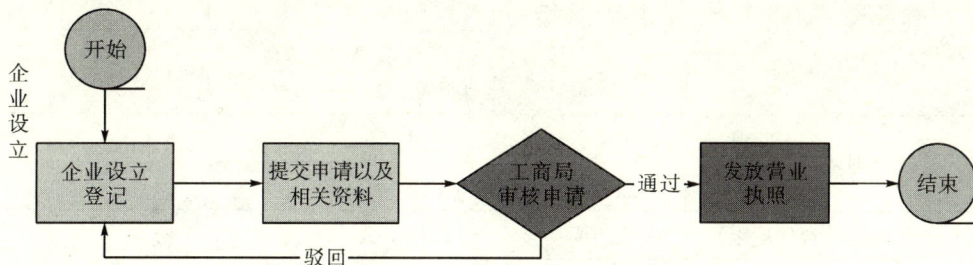

图4-4 企业设立登记流程

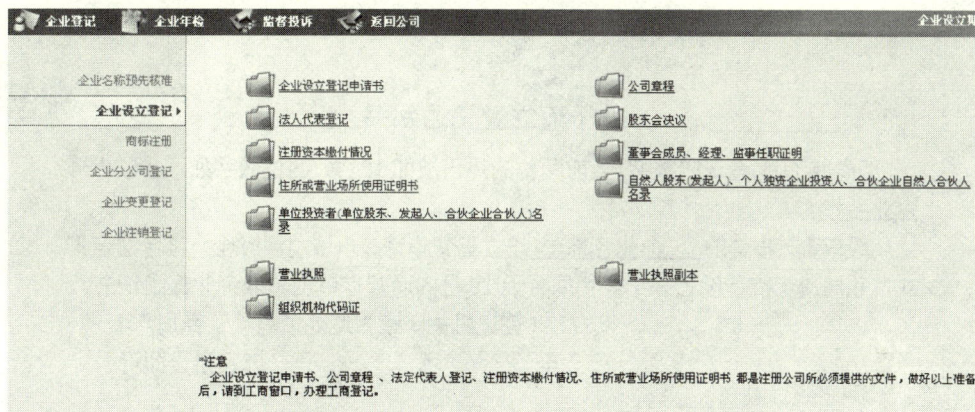

图4-5 企业设立具体事宜

企业设立登记时，需提供"企业设立登记申请书""法定代表人登记""注册资本缴付情况""住所或营业场所使用证明书"。

（一）企业设立登记申请表

➢ 点击工具栏中的"企业登记"。

➢ 点击工具栏下方左边的功能区"企业设立登记"。

➢ 点击"企业设立登记申请书"，见表4-2，进行公司设立登记申请书审理。点击"查看"，可查看申请书所填写的内容是否规范以及是否有错别字。

如果一切都符合要求，可对其发放"受理准予通知书"（见图4-6）。如发现不规范或者有错别字，则对其发放"驳回通知书"（见图4-7），让填写人重新填写申请书进而重新受理。

表 4-2 　　　　　　　　　　企业设立登记申请表

（1）企业名称	行政区划+字号+行业特点+组织形式 ××市××××科技/服务/贸易有限责任公司	
（2）住所（经营场所）	乐山市　　　区（县）　　　　　肖坝路222号　　　（门牌号）	
（3）法定代表人姓名（负责人、投资人、执行事务合伙人）	CEO 姓名	（4）注册资本（注册资金、出资数额、资金数额）
		（5）实收资本（金）实际缴付的出资数额
（6）经营范围	许可经营项目	手机生产制造
	一般经营项目	手机销售
（7）营业期限（合伙期限）	10 年	（8）副本数　　　1 份
（9）隶属企业名称	无	

　　备注：注册资本与实收资本处填写：制造公司是 1 000 万元，贸易公司是 2 000 万元，会计师事务所、物流公司、保险公司是 50 万元。

准予设立登记通知书

　　（ 工商准予 ）登记内集字[当前两位的月份数如 12]第 四位数字如"0001"号
企业名称：

　　　　经审查，提交的　　企业名称　　设立登记申请，申请材料齐全，符合法定形式，我局决定准予设立登记。我局将于 10 日内通知你单位领取企业集团证书。

　　　　　　　　　　　　（登记机关印章）此处填写"工商局"
　　　　　　　　　　年　　　　月　　　　日（填表当天即可）

图 4-6　准予设立登记通知书

登记驳回通知书

　　（工商驳回）登记内集字[当前两位的月份数如 12]第 四位数字如"0001"号
企业名称：

　　　　提交的　　企业名称　　设立（变更、注销、撤销）登记申请，我局决定不予登记。不予登记理由如下：

　　　　如对本不予受理决定有异议，可以自收到本通知后 60 日内依据《中国人民共和国行政复议法》的规定，向上级行政机关申请行政复议，也可以自收到本通知后三个月内依据《中华人民共和国行政诉讼法》的规定，直接向人民法院提起行政诉讼。

　　　　　　　　　　　　　　（印章）此处填写"工商局"
　　　　　　　　　　　　年　　　月　　　日（填表当天）

图 4-7　登记驳回通知书

（二）法定代表人登记表

> 点击功能区的"企业设立登记"。
> 点击"法定代表人登记"，见表4-3。

表4-3　　　　　　　　　　　　法定代表人登记表

企业名称	××市××××科技/服务/贸易有限责任公司			一寸免冠 近 照 粘 贴 处
姓 名	CEO的姓名	性 别		
证件名称及号码	学生证及学生证号	国 籍		
户籍登记住址		民 族		
文化程度		政治面貌		
出生日期		联系电话		
公务员标识	□是　☑否	工会会员标识		□是　　□否

<table>
<tr><th colspan="4" align="center">个 人 简 历</th></tr>
<tr><td rowspan="4">注：应自具有完全民事行为能力之日填起至今，并不得间断。</td><td align="center">起止年月</td><td align="center">单 位</td><td align="center">职 务</td></tr>
<tr><td></td><td></td><td></td></tr>
<tr><td></td><td></td><td></td></tr>
<tr><td></td><td></td><td></td></tr>
<tr><td colspan="2" align="center">身份证复印件粘贴处
（身份证正反面粘贴）
此栏不用填写</td><td colspan="2">　　兹证明该任职人具有完全民事行为能力，产生程序符合有关法律、法规和章程的规定，经任命（委派）出任企业的法定代表人（负责人）。
　　　　　　　　盖章（签字）CEO姓名
　　　　　　　　年　　月　　日（填表当天）</td></tr>
</table>

（三）企业注册资本缴付情况登记表

> 点击功能区的"企业设立登记"。
> 点击"注册资本缴付情况"。

（四）企业住所（经营场所）使用证明

> 点击功能区的"企业设立登记"。
> 点击"住所或营业场所使用证明书"，见表4-4。

表 4-4   企业住所（经营场所）证明

拟设立企业名称	××市××××科技/服务/贸易有限责任公司
住所（经营场所）	乐山 市　市中 区（县）　肖坝路 222 号（门牌号）
产权人证明	同意将位于上述地址 1 000 m² 的房屋以 租赁 方式提供给该企业使用，使用期限 10 年，经营用途为 商用 。 产权单位盖章：系统 年　　月　　日（填表当天）
需要证明情况	上述住所（经营场所）产权人为 系统 ，房屋用途为 商业用房或办公用房 ，该住所（经营场所）建设审批手续齐全，不属于违法建设。特此证明。 证明单位公章：房管局 证明单位负责人签字： 年　　月　　日（填表当天）

备注：房屋用途：制造公司、贸易公司、物流公司、保险公司可填写为："商业用房"；会计师事务所可填写为："办公用房"。

在以上业务中，企业提交电子版和纸质版的表格到工商局，工商局对企业提交的资料予以处理、审核。如果审核通过，则点击"提交"；如果审核不通过，则予以"驳回"。

（五）颁发营业执照和组织机构代码证

工商局审核企业完成上述的电子版、纸质版的申请后，发给企业营业执照正（副）本。企业营业执照的内容主要包括企业名称、地址、负责人姓名、筹建或开业日期、经营性质、生产经营范围、生产经营方式等，没有营业执照的工商企业或个体经营者一律不许开业，不得刻制公章、签订合同、注册商标、刊登广告，银行不予开立账户。颁发营业执照具体操作如下：

➢ 点击工具栏下方的左边功能区"企业设立登记"。

➢ 点击"营业执照"，将电脑上"营业执照"上的相关信息填写在纸质版"企业法人营业执照"正（副）本上。

➢ 纸质版"企业法人营业执照"正（副）本的"年月日"处盖上工商局的鲜章。

➢ 颁发给企业。

在现代企业运作综合实习中，未设置质量技术监督管理部门，系统是由工商局来发放"组织机构代码证"。工商局的具体操作如下：

➢ 在工具栏下方的左边功能区点击"企业设立登记"。

➢ 点击"组织机构代码证"，将电脑上"组织机构代码证"上的相关信息填写在纸质版"中华人民共和国组织机构代码证"上。

➢ 在纸质版"中华人民共和国组织机构代码证""颁发单位"处盖上工商局的鲜章。

➢ 颁发给企业。

至此企业完成工商登记注册，接下来去税务局办理事项。

第五章　税务局业务规则

税务局税务操作包括行政审批和纳税申报。

第一节　行政审批

行政审批包括两个业务：税务登记和发票领购。

一、税务登记

（一）生成纳税人识别号

➢ 点击"企业信息确认"。

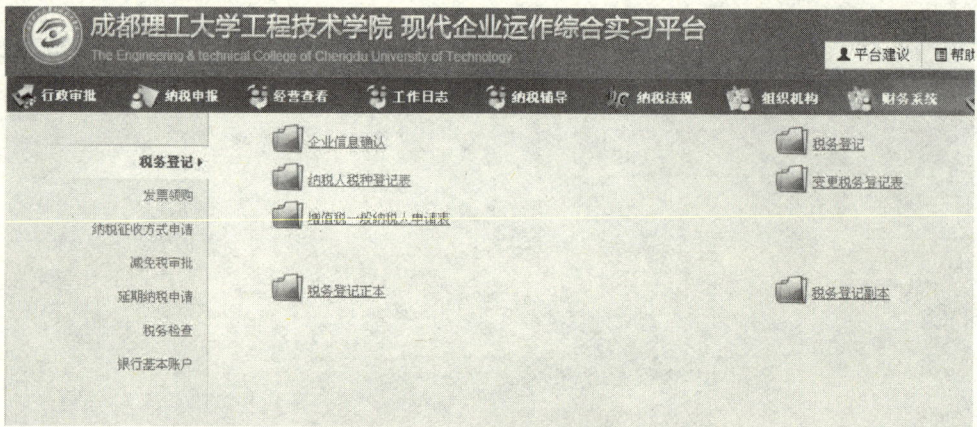

图 5-1　税务局—企业信息确认

➢ 点击"审核"，核对企业信息，点击"提交"

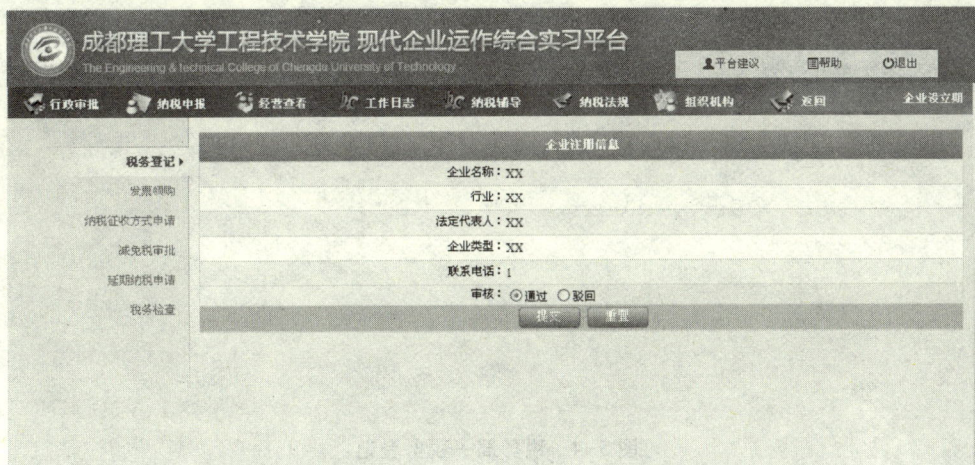

图 5-2　税务局审核企业注册信息

➤ 点击"生成机器码",即为"纳税人识别号"。

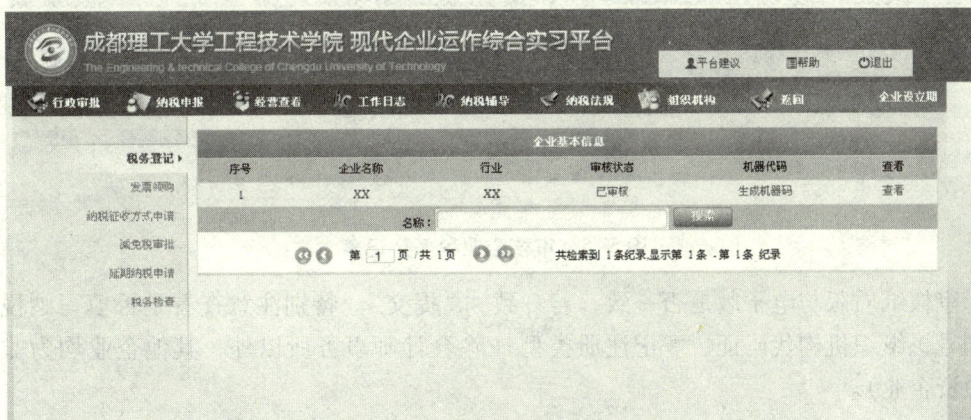

图 5-3　生成机器码—纳税人识别号

(二)审核税务登记表(样表见附件 1)

➤ 进入"行政审批"界面下面税务登记,选择"税务登记"。

➤ 此步骤需查看企业验资报告、营业执照副本、组织机构代码证、临时账户,再发放纸质版税务登记表。

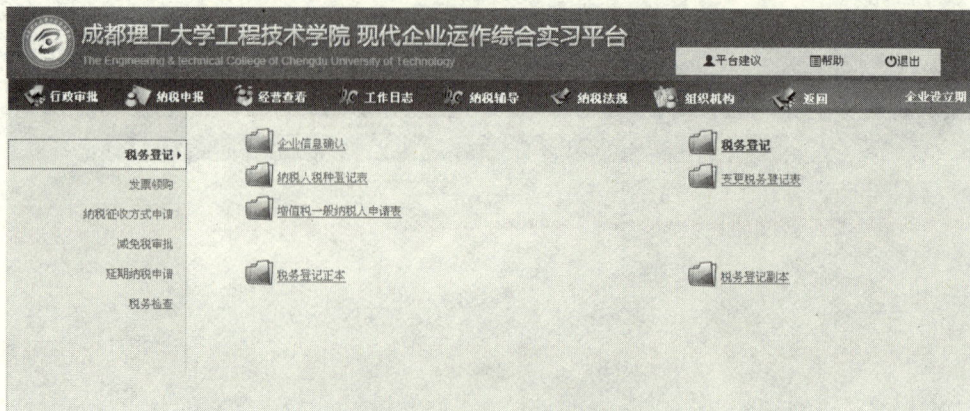

图 5-4　税务局—税务登记

➢ 点击"审核"。

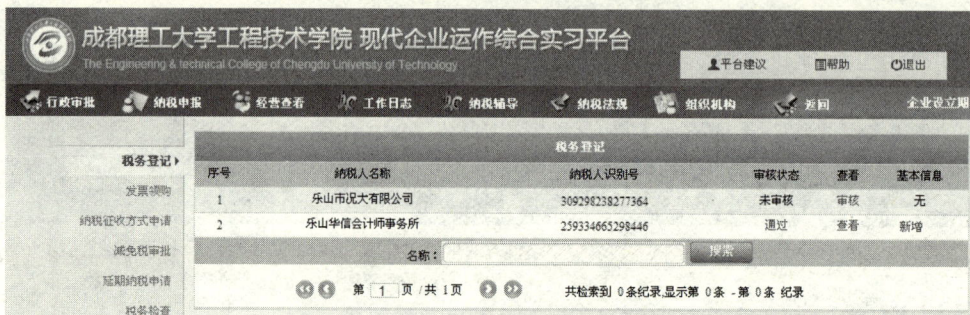

图 5-5　审核企业税务登记表

　　审核纸质版与电子版是否一致，若一致，"提交"。特别注意查看是否填写纳税人识别号、组织机构代码证、登记注册类型（除会计师事务所以外，其他企业均为非个人独资企业）。

（三）发放税务登记正本、税务登记副本

　　说明：根据电子版，填写模拟正本、副本，并发放给企业。

➢ 进入行政审批界面下面税务登记，选择"税务登记正本"。

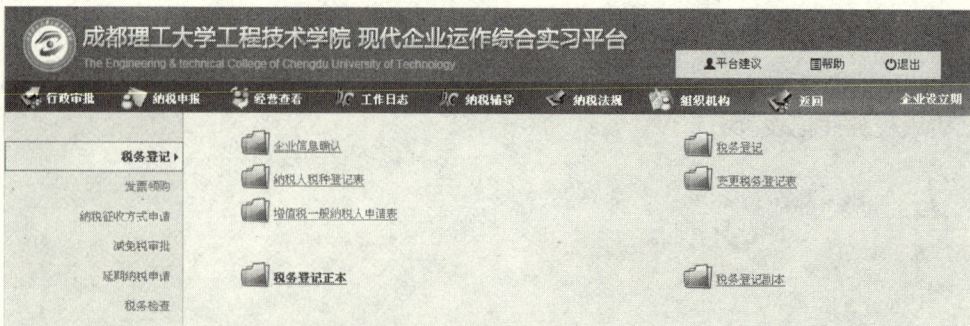

图 5-6　查看税务登记正本

➢ 在上步操作弹出界面点击相应公司操作"查看"。

以下显示为"税务登记证正本"，税务局工作人员填写纸质版。

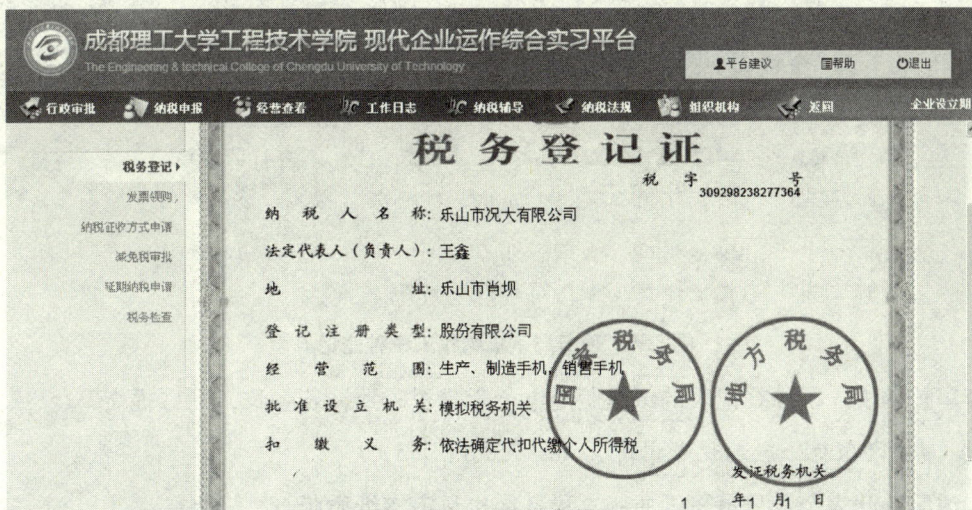

图 5-7　税务登记正本

选择"税务登记副本"，点击"查看"，税务局工作人员填写纸质版。

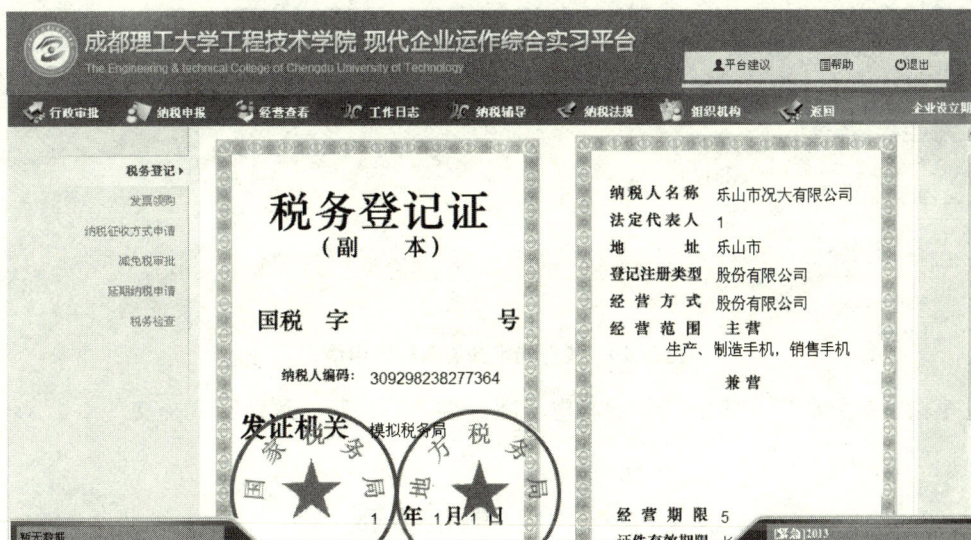

图 5-8　税务登记副本

到此步，企业已经完成"企业注册——税务登记"。企业注册成功之后，第二天到税务局办理以下业务，税务局审核。

（四）审核纳税人税种登记表（样表见附件2）

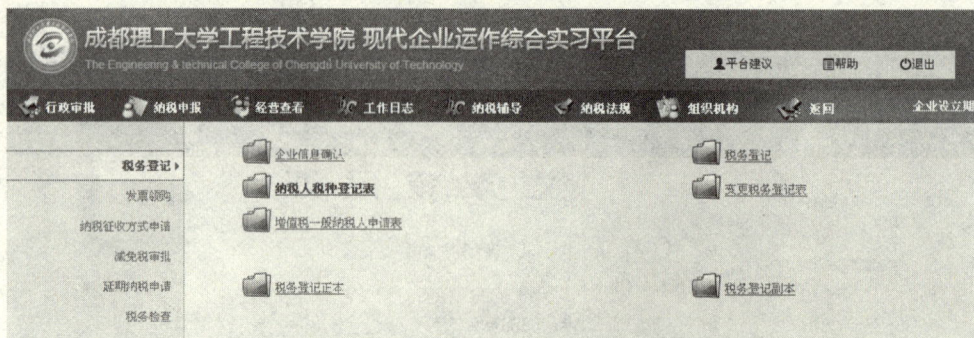

图5-9　税务局审核纳税人税种登记表

审核纳税人税种登记表的纸质版与电子版是否一致，若一致，则"提交"。

（五）审核增值税一般纳税人申请表（样表见附件3）

说明：此表企业只填写纸质版，税务局也只审核纸质版。

二、发票领购

审核发票领购申请表（样表见附件4）。

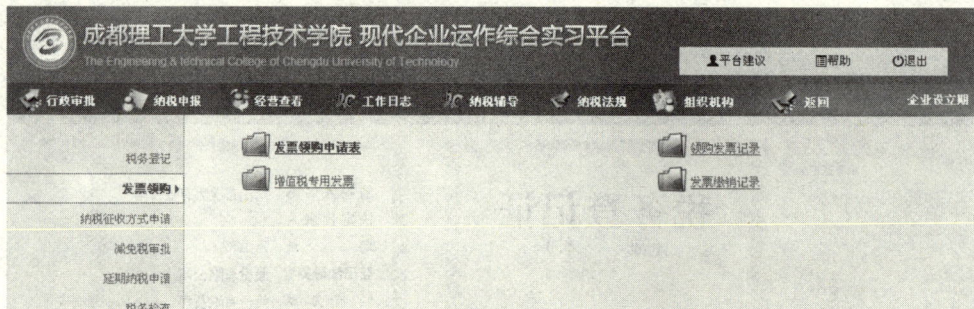

图5-10　税务局审核发票领购申请表

审核发票领购申请表的纸质版与电子版是否一致，若一致，则"提交"。

第二节　纳税申报

一、审核企业增值税纳税申报表

说明：注意审核增值税纳税申报表与缴款书所填税额是否一致。

点击"增值税申报"，审核。

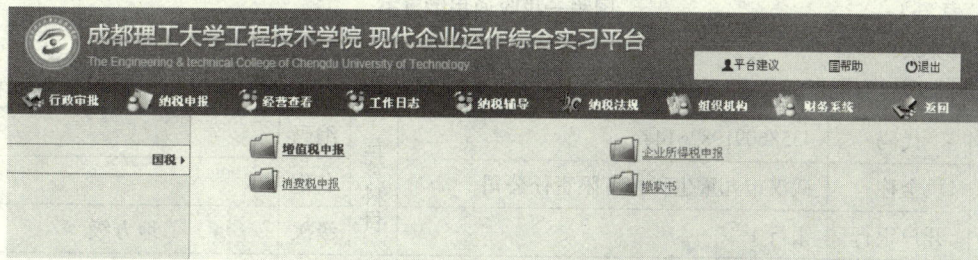

图 5-11　税务局审核增值税申报表

二、审核企业所得税纳税申报表主表

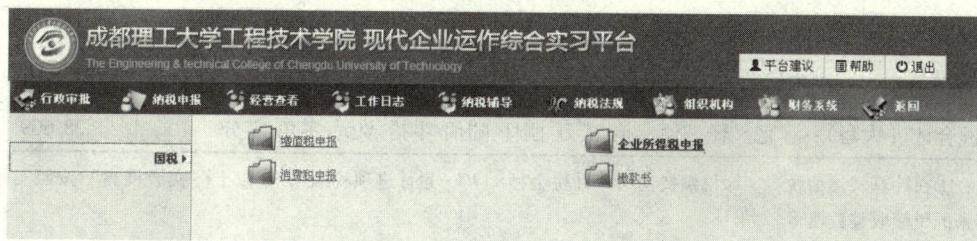

图 5-12　税务局审核企业所得税纳税申报表

三、审核缴款书

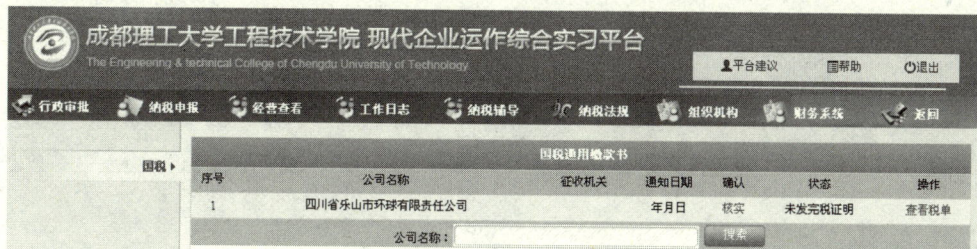

图 5-13　税务局审核缴款书

说明：

（1）点击核实，审核缴款书，提交。

（2）增值税与企业所得税同时填写，企业开转账支票到银行办理税款缴纳，将转账进账单第一联回单交给税务局工作人员，由税务局开具纳税证明。

缴款书填写样表见表 5-1。

表 5-1 　　　　　　　　　　　　国税—税收通用缴款书

隶属关系：

注册类型：有限责任公司　　　填发日期：2014 年 09 月 30 日　　　征收机关：　　　　所

缴款单位	代码	435860919826144		预算科目	编码	
	全称	武汉市九重生科技有限责任公司			名称	
	开户银行	银行 1			级次	地方级
	账号	1395126114576			收款国库	045 工商银行分理处

税款所属日期：2014 年 07 月 01 日至 2014 年 09 月 30 日　　　税款限缴日期：　　　年　　月　　日

品目名称	课税数量	计税金额或销售收入（元）	税率或单位税额（%）	已缴或扣除额（元）	实缴税额（元）
增值税	可不填	216 818	17	8 500	28 359
企业所得税	可不填	1 000	25	0	250
金额合计（大写）：　　亿　仟　佰　拾　贰万　捌仟　陆佰　零拾　玖元　零角　零分					28 609

注意：①在计算"增值税"实缴税额要使用"计税金额×17%-累计进项税额"；②以上"实缴税额"按照实际计算出来的税额取整数填写。

附件1:

税务登记表

（适用单位纳税人）

纳税人名称	××市××××公司			纳税人识别号		税务局机器生成码	
登记注册类型	填写公司类型（有限责任公司等）			批准设立机关		工商局	
组织机构代码	见组织机构代码证			批准设立证明或文件号		10	
开业（设立）日期	×年×月×日	生产经营期限	×年×月×日	证照名称	学生证	证照号码	学生证号
注册地址	详细地址			邮政编码	本地邮编	联系电话	固定电话
生产经营地址	详细地址（可以与注册地址不一致）			邮政编码	本地邮编	联系电话	固定电话
核算方式	请选择对应项目打"√"□独立核算□非独立核算 （实习中选择 独立核算）			从业人数		＿×＿其中外籍人数＿×＿	
单位性质	请选择对应项目打"√"□企业 □事业单位 □社会团体 □民办非企业单 □其他						
网站网址	（不填）			国标行业	60 □□ □□ □□（不填）		
适用会计制度	请选择对应项目打"√" □企业会计制度 □小企业会计制度 □金融企业会计制度 □行政事业单位会计制度 （实习中选择 企业会计制度）						
经营范围 手机生产制造	请将法定代表人（负责人）身份证件复印件粘贴在此处。						

内容　项目 联系人	姓　名	身份证件		固定电话	移动电话	电子邮箱
		种类	号　码			
法定代表人	××	证件名称	证件号码	1×××××××	0××-×××××	×××@××.com
财务负责人	××	证件名称	证件号码	1×××××××	0××-×××××	×××@××.com
办税人	××	证件名称	证件号码	1×××××××	0××-×××××	×××@××.com
税务代理人名称	纳税人识别号		联系电话		电子邮箱	
不填	不填		不填		不填	

续上表

注册资本或投资总额		币种	金额	币种	金额	币种	金额
1 000万元（制造企业1 000万元，贸易公司2 000万元）		人民币	1 000万元（或者2 000万元）				

投资方名称	投资方经济性质	投资比例	证件种类	证件号码	国籍或地址	
张三	个人	100%	学生证	证件号码	详细地址	

自然人投资比例	100%	外资投资比例	不填	国有投资比例	不填
分支机构名称		注册地址		纳税人识别号	
不填		不填		不填	

总机构名称	不填	纳税人识别号	不填
注册地址	不填	经营范围	不填
法定代表人姓名	不填	联系电话	不填	注册地址邮政编码	不填

代扣代缴代收代缴税款业务情况	代扣代缴、代收代缴税款业务内容	代扣代缴、代收代缴税种
	不填	不填
	不填	不填
	不填	不填

附报资料：
不填

经办人签章：	法定代表人（负责人）签章：	纳税人公章：
经办人名称 201×年×月×日	法定代表人名称 201×年×月×日	纳税人名称 　年　月　日

附件2：

纳税人税种登记表

纳税人识别号：××××××

纳税人名称：××××××　　　　　　　　　　　　　　　法定代表人：××××

一、增值税：				
类别	1. 销售货物□　2. 加工□　3. 修理修配□　4. 其他□	货物或项目名称	主营	××××××（前面类别 选择销售货物）
			兼营	×××××
纳税人认定情况	1. 增值税一般纳税人□　2. 小规模纳税人□　3. 暂认定增值税一般纳税人□			
经营方式	1. 境内经营货物□　2. 境内加工修理□　3. 自营出口□　4. 间接出口□　5. 收购出口□　6. 加工出口□　　　　　　（六种类别可自行选择）			
备注：				

二、消费税：（不填此项）			
类别	1. 生产□　2. 委托加工□　3. 零售□	应税消费品名称	1. 烟□　2. 酒及酒精□　3. 化妆品□　4. 护肤.护发品□　5. 贵重首饰及珠宝玉石□　6. 鞭炮、烟火□　7. 汽油□　8. 柴油□　9. 汽车轮胎□　10. 摩托车□　11. 小汽车□
经营方式	1. 境内销售□ 2. 委托加工出口□ 3. 自营出口□ 4. 境内委托加工□		
备注：			

三、营业税：（不填此项）		
经营项目	主营	
	兼营	
备注：		

五、企业所得税、外商投资企业和外国企业所得税：（下面纳税方式选择 1. 按实纳税）	
法定或申请纳税方式	1. 按实纳税□ 2. 核定利润率计算纳税□ 3. 按经费支出换算收入计算纳税□ 4. 按佣金率换算收入纳税□ 5. 航空、海运企业纳税方式□ 6. 其他纳税方式□
非生产性收入占总收入的比例（%）	不填
备注：季度预缴方式：1. 按上年度四分之一□ 2. 按每季度实际所得□（选择按每季度实际所得）	

十三、城市维护建设税：1. 市区□　2. 县城镇□　3. 其他□（不填城市维护建设税、教育费附加、其他费用）

十四、教育费附加：

十七、其他费用：

鉴定人（税务局人员填写）	××××	鉴定日期	××年××月××日
录入人（税务局人员填写）	××××	录入日期	××年××月××日

以上内容纳税人必须如实填写，如内容发生变化，应及时办理变更登记。

附件 3：

增值税一般纳税人申请认定表

纳税人名称		××××××		纳税人识别号		××××××
法定代表人（负责人、业主）	××	证件名称及号码	××××××		联系电话	×××××
财务负责人	××	证件名称及号码	××××		联系电话	××××
办税人员	×××	证件名称及号码	×××		联系电话	×××
生产经营地址		×××××				
核算地址		××××				
纳税人类别：企业、企业性单位□　非企业性单位□　个体工商户□　其他□						
纳税人主业：工业□　商业□　其他□						
认定前累计应税销售额（连续不超过 12 个月的经营期内）			年　月至　年　月共　　元。（此栏可不填写）			
纳税人声明	上述各项内容真实、可靠、完整。如有虚假，本纳税人愿意承担相关法律责任。 （签章）：××× ×× 年××月×× 日					
税务机关						
受理意见	同意受理　　　　　　　　　　　　　　　受理人签名： ×× 年××月 ×× 日					
查验意见	经实地查验符合规定，详见查验报告□ 经实地查验不符合规定，详见查验报告□ 查验人签名：××× ×× 年××月×× 日					
主管税务机关意见	建议自　×× 年××月起认定为增值税一般纳税人□ 建议自　年　月起至　年　月认定为实施纳税辅导期管理增值税一般纳税人□ 不符合认定办法规定条件，建议不予认定□ （签章）××× ×× 年 ××月×× 日					
认定机关意见	同意自　×× 年×月起认定为增值税一般纳税人□ 同意自　年　月起至　年　月认定为按辅导期管理的增值税一般纳税人□ 同意不予认定□ （签章）××× ×× 年×× 　月×× 日					

注：本表由税务局留存。

附件 4：

发票领购申请审批表

纳税人代码：□□□□□□□□□□□□□□□□□□

纳税人（扣缴义务人）名称：××××

纳税人名称	×××		经营地址		××××
经济类型	×××	经办人	×××	电话	××
经营范围	×××		经办人身份证号		×××××
发票名称	规格	联次	数量	每月用量	购票方式
增值税专用发票	不填	4	1本	不填	不填

发票专用章印模	（发票专用章）（实习中使用财务章）
申请理由	生产销售使用 填表人　××××　　　　　　　　　　　　　××年××月××日

以下由税务机关填写（以下内容在实习电脑系统中均不填写，但要在纸质版中填写）		
发票保证金（元）		保证金收据号
受理初审意见	资格认定调查意见	审核批准意见
受理人 　年　月　日	征管所所长 　年　月　日	批准人 　年　月　日

本表由主管税务机关留存。

附件 5：

增值税纳税申报表（适用于增值税一般纳税人）

根据《中华人民共和国增值税暂行条例》第二十二条和二十三条的规定制定本表。纳税人不论有无销售额，均应按主管税务机关核定的纳税期限按期填报本表，并于次月一日起十日内，向当地税务机关申报。

税款所属时间：自　年　月　日至　年　月　日

填表日期：　年　月　日　　　　　　　　　　　　　金额单位：元至角分

纳税人识别号	× × × × × × × × × × × × × × ×					所属行业：制造业	

纳税人名称	（公章）	法定代表人姓名	××	注册地址	××××	营业地址	×××
开户银行及账号	×××××××		企业登记注册类型	×××××××	电话号码		××××××
	填表日期：××年×××月×××日			申报日期：××年×××月×××日			

项　目		栏次	一般货物及劳务		即征即退货物及劳务	
			本月数	本年累计	本月数	本年累计
销售额	（一）按适用税率征税货物及劳务销售额	1	0			
	其中：应税货物销售额	2	0			
	应税劳务销售额	3				
	纳税检查调整的销售额	4				
	（二）按简易征收办法征税货物销售额	5				
	其中：纳税检查调整的销售额	6				
	（三）免、抵、退办法出口货物销售额	7				
	（四）免税货物及劳务销售额	8				
	其中：免税货物销售额	9				
	免税劳务销售额	10				
税款计算	销项税额	11	0			
	进项税额	12	72 090			
	上期留抵税额	13	0			
	进项税额转出	14	0			
	免抵退货物应退税额	15				
	按适用税率计算的纳税检查应补缴税额	16				
	应抵扣税额合计	17=12+13−14−15+16	72 090			
	实际抵扣税额	18（如 17<11，则为 17，否则为 11）	0			
	应纳税额	19=11−18	0			
	期末留抵税额	20=17−18	72 090			
	简易征收办法计算的应纳税额	21				
	按简易征收办法计算的纳税检查应补缴税额	22				
	应纳税额减征额	23				
	应纳税额合计	24=19+21−23				

税款缴纳	期初未缴税额(多缴为负数)	25				
	实收出口开具专用缴款书退税额	26				
	本期已缴税额	27 = 28 + 29 + 30 + 31				
	①分次预缴税额	28				
	②出口开具专用缴款书预缴税额	29				
	③本期缴纳上期应纳税额	30				
	④本期缴纳欠缴税额	31				
	期末未缴税额(多缴为负数)	32 = 24 + 25 + 26 − 27				
	其中:欠缴税额(≥0)	33 = 25+26−27				
	本期应补(退)税额	34 = 24−28−29				
	即征即退实际退税额	35				
	期初未缴查补税额	36				
	本期入库查补税额	37				
	期末未缴查补税额	38 = 16 + 22 + 36 − 37				

授权声明	如果你已委托代理人申报,请填写下列资料: 　　为代理一切税务事宜,现授权 (地址)　　　　　　　　为本纳税人的代理申报人,任何与本申报表有关的往来文件,都可寄予此人。 　　　　授权人签字:	申报人声明	此纳税申报表是根据《中华人民共和国增值税暂行条例》的规定填报的,我相信它是真实的、可靠的、完整的。 　　　　声明人签字:×××

以下由税务机关填写:

收到日期:　　　　　　　　　　　接收人:　　　　　　　　　主管税务机关盖章:

本表一式二份,第一份纳税人保存,第二份由纳税人报主管税务机关留存。

附件6:

中华人民共和国企业所得税年度纳税申报表（A 类）

税款所属期间：××× 年 ××月×× 日至×× 年 ××月×× 日

纳税人识别号：□□□□□□□□□□□□□□□ 　　　　　　金额单位：元至角分

纳税人名称：

类别	行次	项目	金额
利润总额计算	1	一、营业收入（填附表一）	0
	2	减：营业成本（填附表二）	0
	3	营业税金及附加	0
	4	销售费用（填附表二）	927 960
	5	管理费用（填附表二）	171 667
	6	财务费用（填附表二）	189 216
	7	资产减值损失	0
	8	加：公允价值变动收益	0
	9	投资收益	0
	10	二、营业利润（1-2-3-4-5-6-7+8+9）	−1 288 843
	11	加：营业外收入（填附表一）	0
	12	减：营业外支出（填附表二）	0
	13	三、利润总额（10+11-12）	−1 288 843
应纳税所得额计算	14	加：纳税调整增加额（填附表三）	0
	15	减：纳税调整减少额（填附表三）	0
	16	其中：不征税收入	0
	17	免税收入	0
	18	减计收入	0
	19	减、免税项目所得	0
	20	加计扣除	0
	21	抵扣应纳税所得额	0
	22	加：境外应税所得弥补境内亏损	0
	23	纳税调整后所得（13+14-15-19-21+22）	−1 288 843
	24	减：弥补以前年度亏损（填附表四）	0
	25	应纳税所得额（23-24）	0

应纳税额计算	26	税率（25%）	25%
	27	应纳所得税额（25×26）	0
	28	减：减免所得税额（填附表五）	
	29	减：抵免所得税额（填附表五）	
	30	应纳税额（27-28-29）	
	31	加：境外所得应纳所得税额（填附表六）	
	32	减：境外所得抵免所得税额（填附表六）	
	33	实际应纳所得税额（30+31-32）	
	34	减：本年累计实际已预缴的所得税额	
	35	其中：汇总纳税的总机构分摊预缴的税额	
	36	汇总纳税的总机构财政调库预缴的税额	
	37	汇总纳税的总机构所属分支机构分摊的预缴税额	
	37-1	其中：本市总机构所属本市分支机构分摊的预缴税额	
	38	合并纳税（母子体制）成员企业就地预缴比例	
	39	合并纳税企业就地预缴的所得税额	
	40	本年应补（退）的所得税额（33-34）	
附列资料	41	以前年度多缴的所得税额在本年抵减额	
	42	以前年度应缴未缴在本年入库所得税额	

　　谨声明：此纳税申报表是根据《中华人民共和国企业所得税法》《中华人民共和国企业所得税法实施条例》和国家有关税收规定填报的，是真实的、可靠的、完整的。

　　法定代表人（签字）：　　　××××　　　　　　　　　　　　×××年××月×× 日

纳税人公章： 经办人：××× 申报日期：××年××月××日	代理申报中介机构公章： 经办人及执业证件号码： 代理申报日期：×× 年×月×日	主管税务机关受理专用章： 受理人：××× 受理日期：××年××月×日

第六章　银行业务规则

第一节　银行登录业务及业务概述

在用户登录界面中输入"用户名"和"密码"，选择"登录"。点击"马上行动"，在实习界面的"公共服务区"中找到"银行"大楼图标。点击此图标，出现"我要去训练""我要去是实习""我要去工作"，选择点击"我要去实习"，则进入了银行业务界面。

银行业务功能区上方的工具栏有：开户管理、贷款管理、询证函、国际清算、代收代缴、返回等，见图6-1。各菜单的功能如下：

图6-1　银行登录界面

- 开户管理：企业到银行申请开户，填写开户信息，有银行确认核实开户信息，在审核通过后，再由人民银行确认信息，审核通过后，说明企业开户成功。
- 货款管理：主要是管理查看调查报告、贷款合同、抵押合同。
- 询证函：主要审核企业与审计往来的征询函的信息确认等。
- 国际结算：主要是在银行开办信用证、管理信用证和查看国际结算等。
- 代收代缴：主要是企业和税务委托银行代收的国税缴款书和地税缴款书。

- 相关知识：帮助学生更好地掌握银行的业务操作流程和相关知识的学习。
- 返回：点击返回银行大厅，之后可以办理其他业务。
- 显示当前角色身份：显示登录企业或者当前用户的身份。

第二节　企业注册时的银行基本业务

一、开设临时账户业务

银行结算账户又称人民币银行结算账户，是指存款人（单位或个人）在经办银行开立的办理资金收付结算的人民币活期存款账户。按存款人不同，分为单位银行结算账户和个人结算账户。单位银行结算账户按用途不同，分为基本存款账户、一般存款账户、专用存款账户和临时存款账户四种。此处的开设的临时存款账户主要是注册验资所用。开立账户的基本程序见图6-2。银行的具体操作如下：

➢ 点击在工具栏中的"开户管理"。

➢ 点击"开户申请书管理"。

➢ "处理"。

➢ "审核"。临时账户开户申请单见图6-3，审核中"通过"或"驳回"。

➢ 如果审核通过，则在"开户申请书管理"中可以"查看临时账号"，在系统中显示的是"验资账户"。

➢ 银行将系统中"验资账户"（见图6-4）上的企业名称和账号等信息填写在纸质版的临时账户上。

➢ 加盖银行的鲜章后颁发给企业。

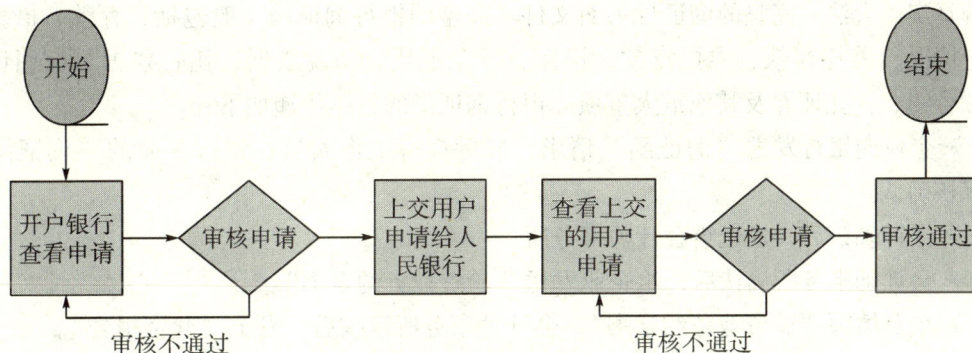

图6-2　开立账户的基本程序

临时账户开户申请单

开 户 行：如银行（在下拉列表中选择即可）
开户理由：公司成立需要注资
公司名称：如创业市天腾科技有限公司
日 期：填表当天即可

图6-3 银行账户开户申请单

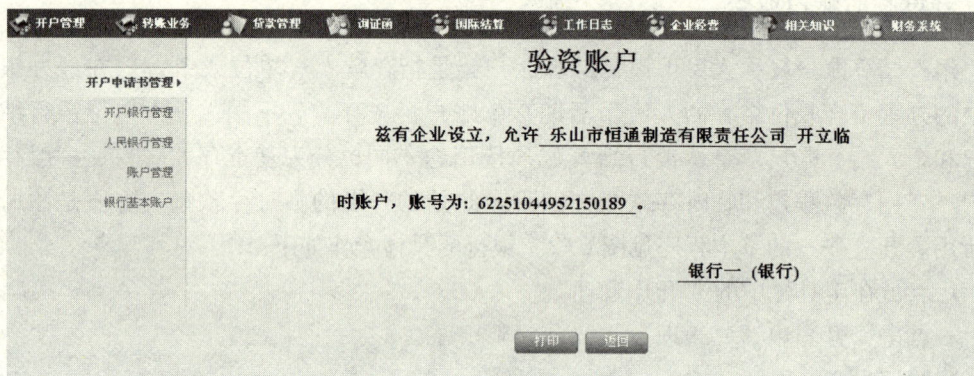

图6-4 验资账户

二、银行询证函

银行询证函是银行给会计师事务所出具的一个企业资产凭证。它是会计师（审计）事务所在执行审计过程中，以被审计企业名义向银行发出的，用以验证该企业的银行存款与借款、投资人（股东）出资情况以及担保、承诺、信用证、保函等其他事项等是否真实、合法、完整的询证性书面文件。完整的银行询证函一般包括：存款、借款、销户情况、委托存款、委托贷款、担保、承兑汇票、贴现票据、托收票据、信用证、外汇合约、存托证券及其他重大事项。银行询证函的具体传递如下：

➤ 企业向银行发送"询证函"请求，然后银行工作人员在银行界面的"询证函"处审核确认。

➤ 银行确认后，发送给会计师事务所。

➤ 会计师事务所确认后，给企业发送"验资业务约定书"。

➤ 企业填写"验资业务约定书"，会计师事务所审核后，发予"验资报告"。

银行询证函的填写如图6-5所示。

银行询证函

编号：询函年月四位数字，如"询函2014120001"

银行 1 或银行 2：

　　　本公司（筹）聘请的 乐山嘉州 会计师事务所有限公司正在对公司实收资本（股本）进行审验。按照中国注册会计师独立审计准则的要求和国家工商行政管理局的有关规定，应当询证本公司投资者（股东）＿＿＿＿＿向贵行缴存的出资额。下列数据出自本公司账簿纪录，如与贵行记录相符，请在本函下端"数据证明无误"处签章证明，如有不符，请在"数据不符"处列明不符金额。有关询证费用可直接从本公司（筹）基本 存款账户中收取。

回函请直接寄至 乐山嘉州 会计师事务所有限公司。

通信（回函）地址：__会计师事务所地址__　联系人：__张三__

邮编：614000　　电话：＿＿＿＿＿　传真：＿＿＿＿＿

　　　截至 年 月 日止，本公司投资者（股东）缴入的出资额列示如下：

缴款人	缴入日期	银行账号	币种	金额	款项用途	备注
CEO 名字	办理当天	临时账户上的账号	人民币		公司注册	
合计（大写）	壹仟万整					

××××有限责任公司(筹)

法定代表或委托代理人：(签名并盖章) 李四

　　　　　　　　　　　　　　　 年　　月　　日（填表当天即可）

结论 1. 数据及事项证明无误。
年　　月　　日　　经办人：　　　银行签章：银行一
2. 如果不符，请列明不符事项。
年　　月　　日　　经办人：　　　银行签章：银行一

备注：金额处填写时：制造企业 1 000 万元，贸易公司 2 000 万元，物流公司、保险公司、会计师事务所 50 万元。

图 6-5　银行询证函

三、开设基本存款账户

　　基本存款账户是存款人因办理日常转账结算和现金收付需要开立的银行结算账户，是存款人的主办账户。该账户主要办理存款人日常经营活动的资金收付，以及存款人的工资、奖金和现金的支取。企业在开设单位基本存款账户时，企业携带企业营业执照、税务登记证去银行领取并填写纸质版"开立单位银行结算账户申请书"。银行的具体操作如下：

　　➤ 点击工具栏中的"开户管理"。

　　➤ 点击"开户银行管理"→"新建"→出现"开立单位银行结算账户申请书"，银行根据企业填写的纸质版"开立单位银行结算账户申请书"填写此表格（见表 6-1），并审核签署开户银行审核意见，见表 6-2。

> ➤ "人民银行管理" → "处理" → "审核"，在"人民银行审核意见"处签字、盖章→"提交"。

> ➤ "人民银行管理" → "生成企业银行基本账户" → 点击"许可证"，则出现"开户许可证"。

> ➤ "人民银行管理" → "设置为默认账号"，否则企业界面的"银行开户"处始终显示的是未完成。银行将此账号（此账号均为数字）填写在纸质版的"开户许可证"账号处，同时将"开户许可证"上的编号、公司名称、法定代表人、开户银行填写在纸质版的"开户许可证"上，加盖银行的鲜章颁发给单位。

> ➤ 企业在自己公司财务部"去银行"中的"账户信息"可查询。

表 6-1　　　　　　　　　　　开立单位银行账户结算申请书

存款人	××市×××科技/服务/贸易有限责任公司				电话	
地址	市　　区　　街　　号			邮编		
存款人类别	机构或单位	组织机构代码		组织机构代码证号		
单位	有限责任公司					
法定代表人（√）单位负责人（　）	姓名		CEO 姓名			
	证件种类	学生证	证件号码	学生证号码		
行业分类	A（　）B（　）C（√）D（　）E（　）F（　）G（　）H（　）I（　）J（　）K（　）L（　）M（　）N（　）O（　）P（　）Q（　）R（　）S（　）T（　）					
注册资金	1 000 万元	地区代码				
经营范围	手机生产制造					
证明文件种类	营业执照	证明文件编号	营业执照号			
	正本/副本		营业执照上的注册号			
税务登记证编号（国税或地税）	税务登记证上的号					
关联企业	关联企业信息填列在"关联企业登记表"上					
账户性质	基本（√）一般（　）专用（　）临时（　）					
资金性质	独资	有效日期至	2023 年 11 月 26 日			

表 6-2　　　　　　　　　　　　　申请书中银行审核后填写部分

开户银行名称	模拟银行 1 或模拟银行 2	开户银行机构代码	10 000
账户名称	模拟银行 1 或模拟银行 2	账号	银行自己的账号
基本存款账户开户许可证核准号	企业的银行许可证号	开户日期	年　月　日
本存款人申请开立单位银行结算账户，并承诺所提供的开户资料真实、有效。 　　办理人盖章 　　　　存款人（公章） 　　　　　年　月　日	开户银行审核意见： 同意/驳回 经办人（签章）办理人盖章 　　开户银行（签章） 　　　　年　月　日	人民银行审核意见： 同意/驳回 经办人（签章）办理人盖章 　　人民银行（签章） 　　　年　月　日	

　　备注：注册资金处：制造公司是 1 000 万元，贸易公司是 2 000 万元，会计师事务所、物流公司、保险公司是 50 万元。

四、银行印鉴卡

　　开户完成后，企业应在银行留下银行印鉴卡（见表 6-3）。银行印鉴卡是单位身份、账户的证明。它是单位与银行事先约定的一种具有法律效力的付款依据，银行在为单位办理结算业务时，凭开户单位在印鉴卡片上预留的印鉴审核支付凭证的真伪。如果支付凭证上加盖的印章与预留的印鉴不符，银行就可以拒绝办理付款业务，以保障开户单位款项的安全。

表 6-3　　　　　　　　　　　　　　　银行预留印鉴卡

单位全称	公司名称
开户账号	基本存款账号
预留印鉴	盖三个章：公司公章、公司财务章、法定代表人章
开户银行签章	此联开户单位存

第三节　企业运营过程中的银行业务

一、银行转账业务

（一）银行转账的业务流程

　　首先企业填写转账支票，携带转账支票到银行；然后出具办理人的身份证明文件，通过银行的审核后即可办理转账操作，等待收款方收到钱，则此次交易结束。银行转账的流程如图 6-6 所示。银行的具体操作步骤如下：

图 6-6　银行转账的流程图

> 点击工具栏中的"转账业务"。
> 点击"转入"或"转出"。
> 选择"第×年第×季度"。
> 选择需要转账的公司名称。
> 在对应业务事项中点击"转账"。
> 核对"转出账号""转入账号""金额"。
> 点击"提交"。
> 再次核对转账金额,"确定"或"取消"。
> 若点击"确定",显示"转账成功"。

备注:

(1) 企业注册资本(1 000 万元或 2 000 万元),需要填写一张转账进账单,银行盖章后,作为原始凭证保存。

(2) 如果企业转入资金,则需要填写"转账进账单"。

(3) 在转账过程中,只有企业使用资金,银行界面才会显示。如果企业已经使用,但银行界面未显示,则查看此笔资金是不是这一季度支付,如贴牌生产是下一季度才会付款,这一季度就不会显示即银行也无法转账。转入同样的道理,如卖给系统的商品,是下一季度收款,因此这一季度是不会显示这一笔款项的。

(4) 如果企业确定这一季度支出款项或确定应该收入款项,但是银行的界面仍未显示,则银行应看看是不是系统延迟的问题。同时,在银行使用的电脑上打开 IE 浏览器>工具>Internet>浏览历史记录>设置>每次访问网页时>确定。

(5) 在没有办理转账业务时,银行系统"转入""转出"的右边窗口中的"操作"下方显示的是红色字体的"转账"。如果转账成功以后,"操作"下方已无"转账"两字,显示的是蓝色字体的"查看"。

(二) 实训过程中的几种转账业务及凭证传递

1. 第一种情况:企业向系统付款或从系统收款,均由企业开出转账支票

(1) 企业向系统付款。企业购买系统的所有东西(如:厂区、厂房、生产线、原材料;招聘工人、资质认证、产品研发、市场开拓,即企业向系统支付需要手动转账的所有开支)均由企业填写"转账支票"并在此支票的骑缝处加盖企业财务专用章的印章,企业去银行核对相关信息同时在系统上操作完成后,银行留存"转账支票"的右边联次,将"转账支票存根联"给企业作为记账的原始凭证(见图 6-7)。具体单据留存如下:

企业：转账支票存根联

银行："转账支票"的右边联次（正联）

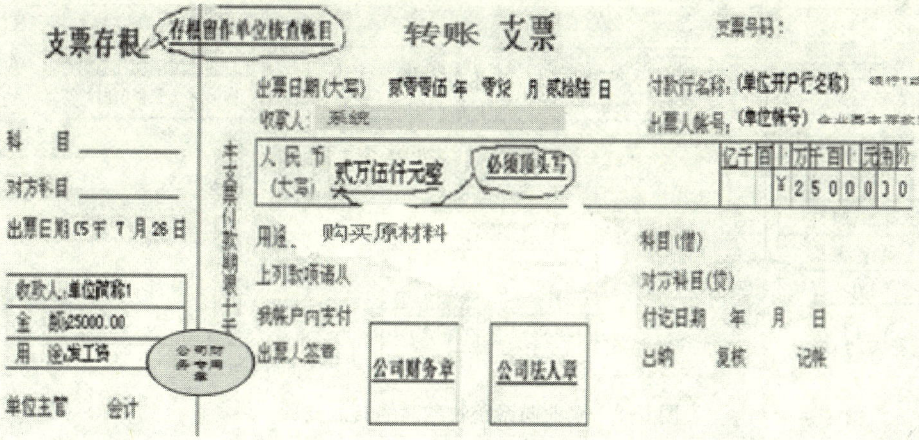

图 6-7　企业向系统付款时的转账支票

银行在系统上操作如下：

➢ 点击工具栏中的"转账业务"。

➢ 点击"转出"。

➢ 选择"第×年第×季度"。

➢ 选择公司名称。

➢ 在对应业务事项中点击"转账"。

➢ 核对"转出账号""转入账号"和"金额"。

➢ 点击"提交"。

➢ 再次核对转账金额，"确定"或"取消"。

➢ 若点击"确定"，显示"转账成功"。

（2）企业向系统收款。企业销售商品给系统，且需要手动转账的支出，由企业填写"转账支票"，然后带着"转账支票正联""转账进账单"去银行。银行核对相关信息，同时在系统上操作完成后（见图 6-8），单据留存如下：

企业：转账进账单第 1 联。

银行：转账支票的正联和转账进账单的第 2 联。

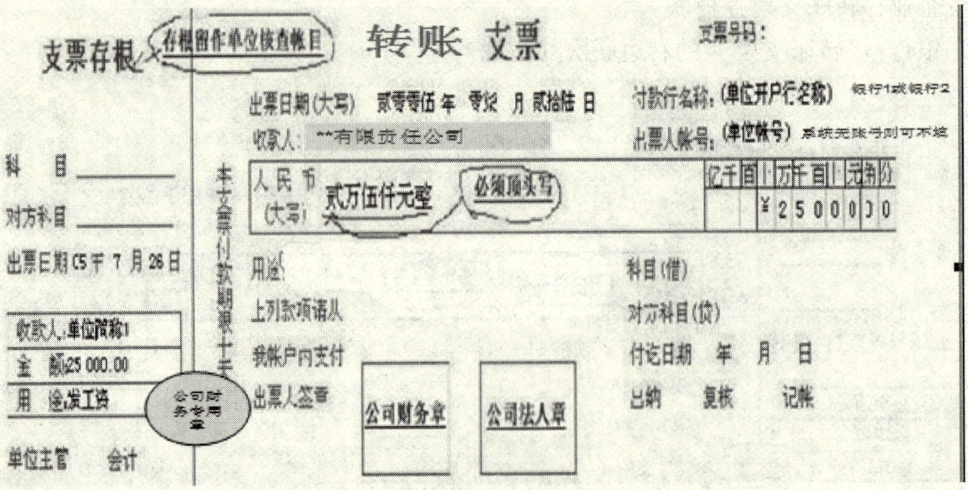

图 6-8 企业向系统收款时的转账支票

银行在系统上操作如下：

➢ 点击工具栏中的"转账业务"。

➢ 点击"转入"。

➢ 选择"第×年第×季度"。

➢ 选择公司名称。

➢ 在对应业务事项中点击"转账"。

➢ 核对"转出账号""转入账号"和"金额"。

➢ 点击"提交"。

➢ 再次核对转账金额，"确定"或"取消"。

➢ 若点击"确定"，显示"转账成功"。

2. 第二种情况：不同类型的企业间交易（如制造与贸易之间交易）

银行在做企业与企业之间的转账时，注意检查该笔交易是否有指导教师签名的合同，符合规定的予以转账。

付款方填写"转账支票"存根自己留存，正联给收款方，收款方拿着正联去自己的开户银行办理"转入"业务，收款方填写"转账进账单"，进账单第 1 联给收款方，收款方银行留存转账进账单的第 2 联。

特别提示：收款方银行要将"转账支票的正联"传递给付款方银行。

付款方银行在系统上"转出"操作如下：

➢ 点击工具栏中的"转账业务"。

➢ 点击"转出"。

➢ 选择"第×年第×季度"。

➢ 选择公司名称。

➢ 在对应业务事项中点击"转账"。

➢ 核对"转出账号""转入账号""交易金额"。

➢ 点击"提交"。

➢ 再次核对转账金额,"确定"或"取消"。

➢ 若点击"确定",显示"转账成功"。

收款方银行凭借"转账支票右边联(正联)"在系统做"转入"操作:

➢ 点击工具栏中的"转账业务"。

➢ 点击"转入"。

➢ 选择"第×年第×季度"。

➢ 选择公司名称。

➢ 在对应业务事项中点击"转账"。

➢ 核对"转出账号""转入账号""金额"。

➢ 点击"提交"。

➢ 再次核对转账金额,"确定"或"取消"。

➢ 若点击"确定",显示"转账成功"。

单据留存如下:

付款方:"转账支票"存根。

付款方银行:"转账支票"正联。

收款方:"转账进账单"第1联。

收款方银行:"转账进账单"第2联。

备注:以上的"转入"与"转出"顺序无严格顺序。

3. 第三种情况:同类型企业之间交易(如制造与制造、贸易与贸易之间交易)

同类型企业之间(如制造与制造、贸易与贸易)在市场上买卖(原材料或产成品)时,付款方不需要去自己的开户银行办理"转出"业务,因为在付款方的银行系统中,"转出"右边窗口中的此笔交易"操作"下方无红色字样的"转账",只有蓝色字体的"查看"。即系统自动将货款转出。

付款方填写"转账支票"存根自己留存,正联给收款方,收款方拿着正联去自己的开户银行办理"转入"业务,收款方填写"转账进账单",进账单第1联给收款方,收款方银行留存转账进账单的第2联。银行在系统中操作完成后,单据留存如下:

付款方(买方):"转账支票"存根联。

付款方银行(买方的开户银行):"转账支票"正联。

收款方(卖方):"转账进账单"第1联。

收款方银行(卖方的开户银行):"转账进账单"第2联。

特别提示:只需要收款方去自己的开户银行办理"转入"业务。

4. 第四种情况:企业与服务机构

(1)企业向物流公司交纳物流保险费(企业开出物流保险费转账支票)。由于保险公司无独立账户,所以,保险费直接由物流公司代收,交付物流保险费的企业填写

"转账支票""转账进账单",银行在系统中按照"转出"业务流程办理转账业务。

单据留存如下：

付款方（企业）："转账支票"存根。

付款方银行（企业的开户银行）："转账支票"正联。

收款方（物流公司）："转账进账单"第1联。

收款方银行（物流公司的开户银行）："转账进账单"第2联，此联由付款方银行转交给收款方银行。

特别提示：只需要付款方去自己的开户银行办理"转出"业务。

物流公司无需去自己的开户银行办理"转入"业务。因为在银行系统中，"转账业务"的"转入"中无法查找到物流公司账户，同时，物流公司也无法在自己的系统中查询自己的银行账户余额。若需查询，需要去自己的开户银行，在银行→"转账业务"→"转账历史记录"中可查询企业交付物流保险费的情况。

（2）企业向税务局纳税。企业填写"转账支票""转账进账单"，去自己的开户银行办理"转出"业务。税务局无需去自己的开户银行办理"转入"业务。若税务局账号正常显示，银行在系统中按照"转出"业务流程办理转账业务。

单据留存如下：

付款方（企业）："转账支票"存根。

付款方银行（企业的开户银行）："转账支票"正联。

收款方（税务局）："转账进账单"第1联。

收款方银行（税务局的开户银行）："转账进账单"第2联，此联由付款方银行转交给收款方银行。

特别提示：只需要付款方去自己的开户银行办理"转出"业务。

如果企业缴纳税费，银行在自己的系统"转账业务"→"转出"中有此笔业务。但点击"转账"时，无法查找税务局账号时，需要税务局在"行政审批"→"银行基本账户"→生成基本账号，银行方可将税款从纳税企业账户中转出。

如果银行在自己的系统"转账业务"→"转出"中无此笔业务，可能是企业未在自己公司系统的"税务局"→"纳税申报"中填写"缴款书"。

二、银行贷款管理

（一）贷款规则

- 贷款种类：信用贷款
- 贷款利率：长期贷款——年利率60‰、季度利率15‰、月利率5‰

  短期贷款——年利率40‰、季度利率10‰、月利率3‰
- 贷款额度：第1季度贷款金额不超过500万元

  第2季度贷款金额＝上季度所有者权益×1-已贷金额

  第3季度及以后贷款金额＝上季度所有者权益×2-已贷金额之和

说明：已贷金额之和＝前期长期贷款与短期贷款累计之和。贷款金额可以低于应贷金额，但不得高于应贷金额。

- 贷款期限：长期贷款为 6 个季度，短期贷款 4 个季度。同时，无论长期贷款还是短期贷款最长期限不能超过第 8 季度。可贷期限＝8-N（N=1、2、3、4、5、6、7 季度）。

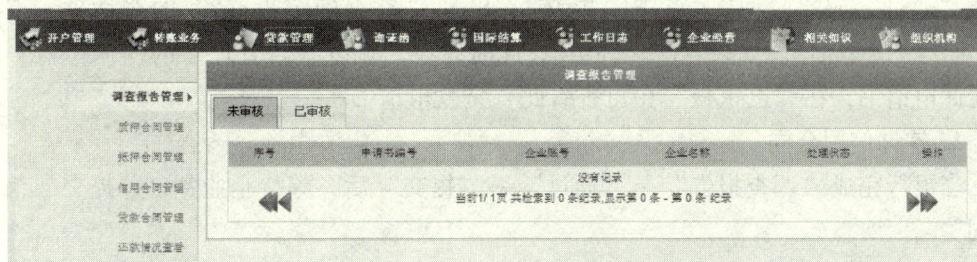

图 6-9　银行贷款业务界

（二）贷款流程

贷款流程如图 6-10 所示：

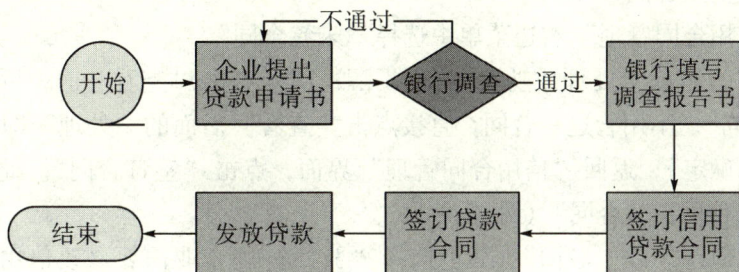

图 6-10　贷款申请流程

1. 银行审查，并填写调查报告

企业在本企业点击"财务部"→"去银行"→"贷款业务"→"申请贷款"，→选择"长贷"或"短贷"→填写"贷款申请书"。特别提示：在"贷款申请书"的最后一定要选择"信用借款"→"提交"。银行收到企业的"贷款申请书"后，需要填写"调查报告"。具体操作如下：

➤ 在工具栏点击"贷款管理"。

➤ 点击"调查报告管理"。

➤ 点击"未审核"，"查看贷款申请书"可查看企业填写的贷款申请书，查看完毕。

➤ "返回"到操作界面。

➤ "处理"。

➤ "确定"。

➤ 填写"调查报告"。

➤ "通过"或"驳回"。

➤"提交"。

"调查报告"填写的时候其中"公司简介"根据企业所填写的"贷款申请"中的公司简介填写;"企业经营状况"据实填写,如果经营良好就填写"经营良好"即可;"分析财务报表"可根据该公司所有者权益填写,如"所有者权益是×××元",最后给出调查结论"准予发放×××元贷款"或"不准予发放贷款"。填写完成后根据审核结果选择"通过"或"驳回",点击"提交",出现"是否确定提交?"的对话框,点击"确定"或"取消"。如果点击"确定",此时,在"调查报告管理"的"未审核"中则无此申请书,在"已审核"中可查看此"贷款申请书"。

2. 签订信用合同

当银行完成"调查报告"→"通过"→"提交"后,等待企业签订并提交"信用合同"。

当企业"签订信用合同"并"提交"后,银行在"贷款管理"→"信用合同管理"→"未签合同"中可见此信用合同。然后银行继续完成该信用合同的审核。具体操作如下:

➤在工具栏中选择"贷款管理"。

➤点击"信用合同管理"。

➤在"信用合同管理"右边菜单中选择"未签合同"。

➤"处理",显示"处理成功"。特别提醒:此处点击"查看"时,可能看见的是"借款抵押合同",不用管这一合同,直接点击"查看"后面的"处理"即可。

➤点击"确定",返回"信用合同管理"界面,点击"签订合同"。此时出现了企业所填写的"信用借款合同"(见图6-11)。

➤选择"通过"或"驳回",如果选择"驳回"则企业需要修改信用合同并重新提交。

➤点击"提交",出现"是否确定提交?"的对话框,选择"确定"则出现"操作成功"字样。

➤操作成功后,此贷款信息在"信用合同管理"→"未签合同"中消失,在"信用合同管理"→"已签合同"中可以查看。

注:以上为电脑操作步骤,纸质版合同操作需要与电脑操作同步。

信 用 借 款 合 同

（信用借款）合同号　第"年月四位数字"如：2014120001 号

经 <u>发放贷款的银行名称</u> 银行（下称贷款方）与 <u>公司名称</u> （下称借款方）充分协商，根据《借款合同条例》和<u>发放贷款的银行名称</u>银行的有关规定签订本合同，共同遵守。

第一条 自　　年　　月　　日起，由贷款方向借方提供 <u>人民币</u>（种类）贷款（大写）_____元，还款期限至　　年　　月　　日止，利息按月息_____ ‰ 计算。如遇国家贷款利率调整，按调整后的新利率和计息方法计算。

……

第三条 借款方愿遵守贷款方的有关贷款办法规定，并按本合同规定用途使用贷款。否则，贷款方有权停止发放贷款，收回或提前收回已发放的贷款。对违约部份，按规定加收 <u>2</u> ％利息。

第四条 借款方保证按期借还贷款本息。如需延期，借款方必须在贷款到期前提出书面申请，经贷款方审查同意，签订延期还款协议。借款方不申请延期或双方未签订延期还款协议的，从逾期之日起，贷款方按规定加收 <u>2</u> ％的利息，并可随时从借款方存款帐户中直接扣收逾期贷款本息。

……

本合同一式 贰 份，借、贷双方各持 壹 份。

借方：公司名称	贷方：发放贷款的银行名称
借款单位：公司名称（公章）或合同专用章	贷款单位：银行名称（公章）或合同专用章
法定代表人（签章）：公司 CEO 姓名	法定代表人（签章）：银行 CEO 姓名
经办人（签章）：_____	经办人（签章）：_____
开户银行及账号：公司的开会银行名称及公司的银行账号	开户银行及账号：发放贷款的银行的开户银行名称及银行的账号

签约日期：填表当天　　　　签约地点：发放贷款的银行

图 6-11　信用借款合同

3. 签订贷款合同（人民币资金借贷合同）

当银行在"信用贷款合同管理"→"签订合同"→"通过"→"提交"后，企业需要"签订贷款合同"即"人民币资金借贷合同"，并提交纸质和电子版。此时，银行需要审核企业纸质版的借贷合同，并在系统"贷款合同管理"→"未发贷款"中查看并处理企业填写的"人民币资金借贷合同"。银行对人民币资金借贷合同处理的操作如下：

➢ 选择工具栏中的"贷款管理"。
➢ 点击"贷款合同管理"。
➢ 选择"未发放贷款"。
➢ 点击"处理"，显示"处理成功"。
➢ 点击"确定"。
➢ 点击"签订合同"即"人民币资金借贷合同"。银行填写表 6-5 中的"贷款人"（乙方）如模拟银行 1，贷款人的地址、法定代表人、邮编、传真、电话。
➢ 填写完成上述内容后，选择"通过"或"驳回"。
➢ 如果选择"通过"，点击"提交"，出现"是否确定提交?"的对话框，选择

"确定"或"取消"。

> 如果选择"确定",则出现"操作成功"的字样。
> 返回"贷款合同管理"的"未发放贷款"中可见红色字体"合同已签订"。
> 点击"发放贷款"。
> 核对"公司名称""贷款金额"无误后,点击"确认放贷"。

特别提示:审核发放贷款时,因为金额填写后无法更改,因此需反复核对发放金额,防止少发或多发放贷款。

表 6-5 人民币资金借贷合同

项目:	手机生产或市场开拓(企业填写)		
合同编号:			
贷款种类:	信用贷款		
借贷人(甲方):	此栏企业无法输入公司名称,借款人是公司名称而非个人姓名		
住址:	可以将公司名称放在此栏	邮编:	
法定代表人:	公司 CEO 姓名		
传真:		电话:	
贷款人(乙方):	银行名称(此栏开始由银行填写,企业无法填写)		
住址:	银行注册时的地址		
负责人:	银行 CEO 姓名	邮编:	
传真:		电话:	
借款金额:	企业填写时直接写整数即可。如 500 万元,此处直接写:5 000 000。后面不加单位"元"。在银行处查看时,系统会自动显示￥5 000 000。		
借款用途:	经营		
借款期限:	季度	借款利率:	
贷款种类:	信用贷款		
违约责任:			
罚金利率:	2%(罚金利率银行制定)		

4. 企业偿还银行贷款

到期自动还款。企业正常期限还款,到期时系统会自动扣除本金和一个季度的利息,但企业仍然需要带上"转账支票"去银行办理转账业务。银行在系统中,按照办理"转出"业务的流程进行操作。同时,在企业系统的"财务部"→"财务管理"中,到期的此笔贷款自动消失。

企业提前还款。如果银行贷款期限未到,但企业想要提前还款,企业先去"财务部"→"财务管理"→在贷款信息处点击"查看"→"提前还款",点击此按钮,会出现"还款成功",点击"确定",此笔贷款则消失。企业填写"转账支票"去银行办理，银行按照"转出"业务流程操作。

备注：当季度借款，当季度还款，不需要给付利息。

企业还款时，无论是到期还款还是提前还款，均需到银行办理转账业务。

利息及还款时间：以 3 个季度的短期借款为例，企业在第 3 季度，去银行办理了 3 个季度的短期贷款，第 4、5 季度需要支付季度利息，到第 6 季度时需要偿还本金和一个季度的利息。

三、对账

每个季度结束之前，企业需要去与银行对账。

第七章　会计师事务所业务规则

第一节　会计师事务所设立

一、企业名称预先核准登记

➤ 会计师事务所设立→企业名称预先核准登记→填写"企业名称预先核准申请书"→提交。

➤ 填写纸质版"企业名称预先核准申请书"。

➤ 到工商局办理审核业务（需携带纸质版"企业名称预先核准申请书"）。

➤ 工商局审核未通过，审核状态为"驳回通知书"。

→驳回通知书，查看工商局对企业发过来的驳回通知信息。

→修改→提交，重新到工商局办理审核业务。

工商局审核通过，发放"企业名称预先核准通知书"（含纸质版），企业可在系统中查看工商局对企业发过来的"核准通知书"。

二、开立临时账户

➤ 会计师事务所设立→开户申请→填写"临时开户申请单"→提交。

➤ 到银行办理审核业务（需携带纸质版"企业名称预先核准通知书"）。

➤ 银行审核未通过，审核状态为"已驳回"。

→详情，查看银行对企业发过来的驳回通知信息。

→修改→提交，重新到银行办理审核业务。

银行审核通过，发放"临时账户"（含纸质版），企业可在系统中查看临时账号。

三、企业设立登记

➤ 会计师事务所设立→企业设立登记→填写"企业设立登记申请书""法定代表人登记表""投资者注册资本缴付情况表"和"住所或营业场所使用证明书"→提交。

➤ 填写纸质版"企业设立登记申请书""法定代表人登记表"和"住所或营业场所使用证明书"到工商局办理审核业务（需携带纸质版"企业名称预先核准通知书""临时账户""企业设立登记申请书""法定代表人登记表"和"住所或营业场所使用证明书"）。

➤ 工商局审核未通过，审核状态为"驳回通知书"。

→通过驳回通知书，查看工商局对企业发过来的驳回通知信息。

→修改→提交，重新到工商局办理审核业务。

➢工商局审核通过，发放纸质版“企业营业执照”正副本、“组织机构代码证”正副本，企业可在系统中查看工商局对企业发过来的“准予通知书”。

（一）填写“企业设立登记申请书”（见图 7-1）

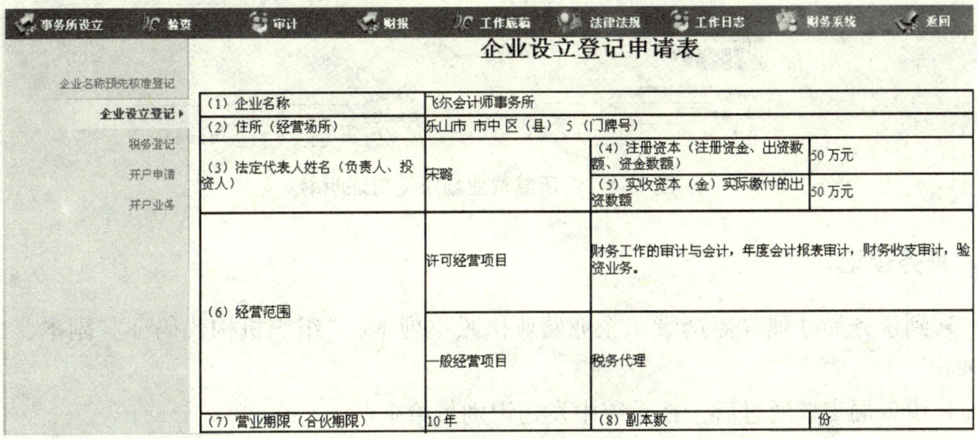

企业设立登记申请表

（1）企业名称	飞尔会计师事务所		
（2）住所（经营场所）	乐山市 市中区（县） 5（门牌号）		
（3）法定代表人姓名（负责人、投资人）	宋璐	（4）注册资本（注册资金、出资数额、资金数额）	50 万元
		（5）实收资本（金）实际缴付的出资数额	50 万元
（6）经营范围	许可经营项目	财务工作的审计与会计，年度会计报表审计，财务收支审计，验资业务。	
	一般经营项目	税务代理	
（7）营业期限（合伙期限）	10 年	（8）副本数	份

图 7-1　企业设立登记申请表

（二）填写“法定代表人登记表”（见图 7-2）

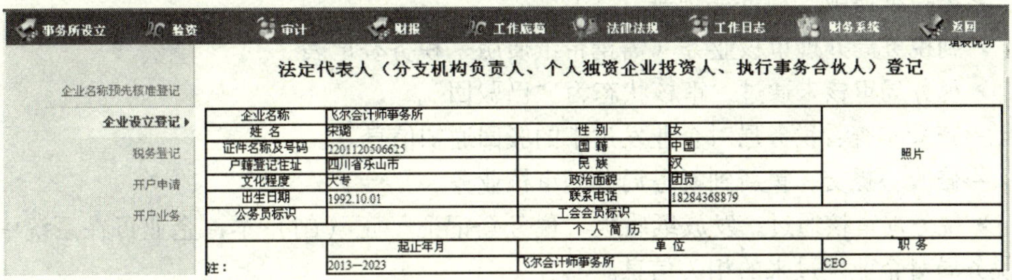

法定代表人（分支机构负责人、个人独资企业投资人、执行事务合伙人）登记

企业名称	飞尔会计师事务所			照片
姓 名	宋璐	性 别	女	
证件名称及号码	2201120506625	国 籍	中国	
户籍登记住址	四川省乐山市	民 族	汉	
文化程度	大专	政治面貌	团员	
出生日期	1992.10.01	联系电话	18284368879	
公务员标识		工会会员标识		
个 人 简 历				
注：	起止年月	单 位		职 务
	2013—2023	飞尔会计师事务所		CEO

图 7-2　法定代表人登记表

（三）填写“投资者注册资本缴付情况表”（见图 7-3，会计师事务所注册资本为 50 万元）

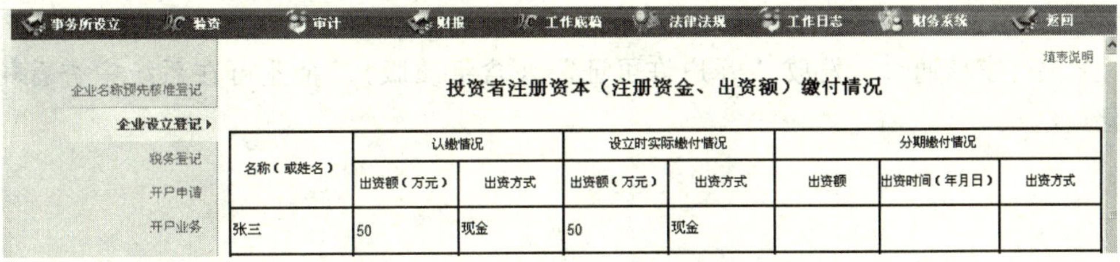

投资者注册资本（注册资金、出资额）缴付情况

名称（或姓名）	认缴情况		设立时实际缴付情况		分期缴付情况		
	出资额（万元）	出资方式	出资额（万元）	出资方式	出资额	出资时间（年月日）	出资方式
张三	50	现金	50	现金			

图 7-3　投资者注册资本缴付情况表

（四）填写"住所或营业场所使用证明书"（见图7-4）

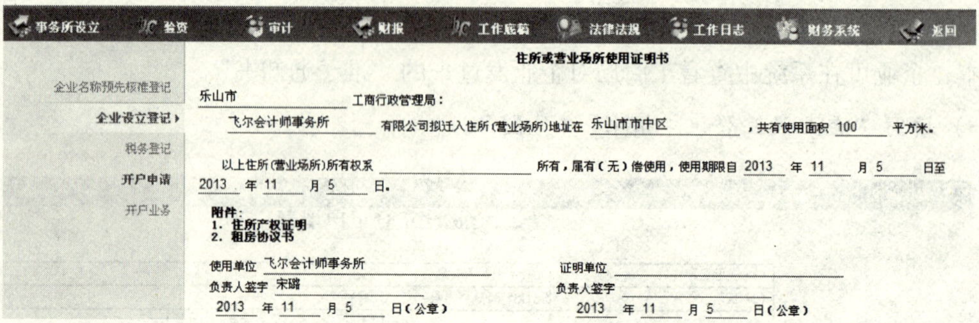

图7-4　住所或营业场所使用证明书

四、税务登记

➢ 到税务局办理（需携带"企业营业执照"副本、"组织机构代码证"副本、"临时账户"）。

➢ 税务局审核通过后，在系统中发送识别号给企业。

➢ 税务登记→行政审批→查看"获取识别号"→填写"企业注册信息"→提交。

➢ 到税务局办理审核业务。

➢ 审核通过后，税务登记→填写"税务登记表"→提交。

➢ 填写纸质版"税务登记表"

➢ 到税务局办理审核业务（需携带纸质版"税务登记表"）。

➢ 税务局审核未通过，审核状态为"已驳回"。

→查看，查看税务局对企业发过来的驳回通知信息。

→修改→提交，重新到税务局办理审核业务。

➢ 税务局审核通过，发放纸质版"税务登记证"正（副）本，企业可在系统中查看税务局对企业发过来的相关信息。

五、开户业务（开设基本存款户）

➢ 需先填写纸质的"开立单位银行结算账户申请表"去银行办理。

➢ 到银行办理业务（需携带纸质版"企业营业执照"副本、"组织机构代码"副本、"税务登记证"副本）。

➢ 银行审核通过，发放"开户许可证"（含纸质版），企业可在系统中查看相关信息。

第二节 验资业务

验资是指注册会计师依法接受委托，对被审验单位注册资本的实收情况或注册资本及实收资本的变更情况进行审验，并出具验资报告。验资分为设立验资和变更验资。

验资是注册会计师的法定业务。随着我国社会主义市场经济的发展和改革开放的不断深入，有关法律法规对注册会计师验资业务的规定与日俱增，如《中华人民共和国公司法》《中华人民共和国中外合资经营企业法》《中华人民共和国中外合作经营企业法》《中华人民共和国外资企业法》《公司登记管理条例》《企业法人登记管理条例》等法律、法规对此均有涉及。《中华人民共和国注册会计师法》明确将验资业务列为注册会计师的法定业务之一。因此，企业（个人独资企业、合伙企业等工商登记机关不要求提交验资报告）在申请开业或变更注册资本前，必须委托注册会计师对其注册资本的实收或变更情况进行审验。

企业验资业务的流程图如图 7-5 所示。

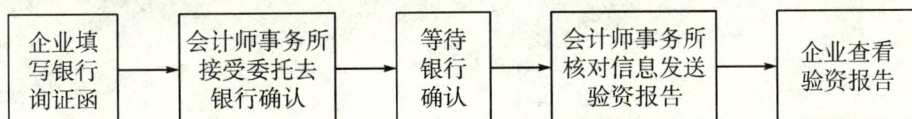

图 7-5 验资业务的流程图

一、签订验资业务约定书

➢ 验资→验资业务约定书→签订约定书（见图 7-6）→填写"验资业务约定书"（只填会计师事务所能填部分，纸质版本一并填写）→提交。

➢ 企业收到会计师事务所发送的"验资业务约定书"审核无误后补全企业部分信息→提交。

➢ 注：纸质版"验资业务约定书"双方盖章后由企业留存。

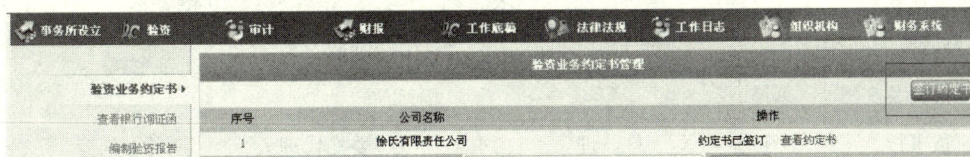

图 7-6

二、查看银行询证函

➢ 验资→查看银行询证函（见图 7-7）（要求企业同时交纸质版"银行询证函"）。

➢ 纸质版"银行询证函"由会计师事务所留存，"银行询证函"的填写见第四章银行业务操作指导手册。

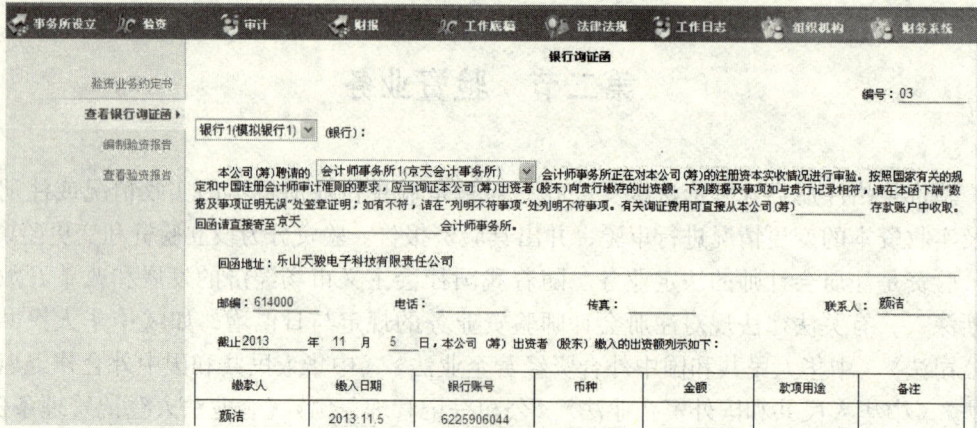

图 7-7

➤ 验资→查看银行询证函→填写底稿（见图 7-8）→填表 7-1 和表 7-2（电子版和纸质版都应填写）。

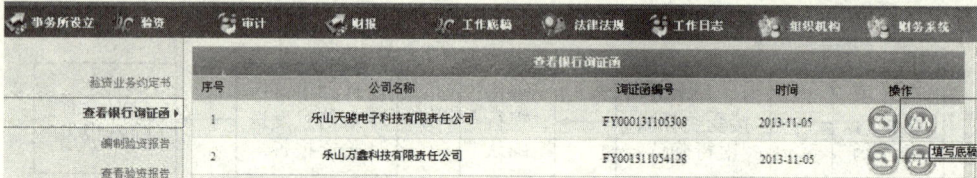

图 7-8

表 7-1　　　　　　　　　　被审验单位基本情况表

被审验单位名称	徐氏有限责任公司					
住所	乐山市市中区肖坝路 222 号					
联系电话	8010	传真		邮政编码	614000	
电子信箱						
公司类型	有限责任公司					
法定代表人	李华	经营期限		10 年		
经营范围	手机生产制造					
审批机关及文号	工商局					
董事长	李华	总经理	王平	委托代理人	刘芳	
开户银行及账号						
出资者名称	认缴的注册资本			实收资本		
	出资方式	出资金额	出资比例	出资方式	出资金额	出资比例
李华	现金	1 000 万元	100%	现金	1 000 万元	100%
合　计		1 000 万元			1 000 万元	

表 7-2 总体验资计划表

被审验单位名称：				徐氏有限责任公司			
以往的验资或审计情况				评估情况			
会计师事务所名称	验资时间或审计年度	报告文号	审验金额	会计师事务所名称	评估时间	年度	文号
				京天会计师事务所	2013.12.31	2013	
验资类型		设立验资		委托目的	申请设立登记及签发出资证明		
审验范围		出资者、出资币种、出资金额、出资时间、出资方式、和出资比例等。		审验重点	出资者、出资币种、出资金额、出资时间、出资方式、和出资比例等。		
验资风险评估				收费预算	2 000 元		
签字注册会计师		王某		助理人员	李某		
对专家工作的利用							
工作项目				时间预算	执行人员	执行日期	底稿索引
了解被审验单位基本情况				1 天	李某	2013.12.25	
签订验资业务委托书				10 分钟	李某	2013.12.26	
货币出资审验				10 分钟	李某	2013.12.26	
撰写验资报告				10 分钟	李某	2013.12.26	
复核				10 分钟	李某	2013.12.26	

三、编制验资报告

➢ 验资→编制验资报告（电子和纸质版都应填写）→提交。

➢ 纸质版"验资报告"需盖章后给企业。

➢ "验资报告"的填写如图 7-9 所示。

验 资 报 告

乐山天骏电子科技有限责任公司　　　　公司（筹）：

我们接受委托，审验了贵公司（筹）截至2013　　年11　　月5　　日至申请设立登记的注册资金实收情况。按照法律法规以及协议、章程的要求出资，提供真实、合法、完整的验资资料，保护资产的安全、完整是全体股东及贵公司（筹）的责任我们的责任是对贵公司（筹）的注册资本的实收情况发表审验意见。我们的审验是依据《中国注册会计师审计准则第1602号—验资》进行的。在审验过程中，我们结合贵公司（筹）的实际情况，实施了检查等必要的审验程序。

根据协议、章程的规定，贵公司（筹）申请登记的注册资本为人民币￥1 000 000　，由全体股东于2013　　年11　　月5　　日之前一次交足。经我们审验，截至2013　　年11　　月5　　日之前，贵公司（筹）已收到全体股东缴纳的注册资本（实收资本），合计人民币壹千万　元（大写）。各股东以货币出资￥10 000 000，以实物出资￥0　　　　[如果存在需要说明的重大事项增加说明段]、·····

本验资报告供贵公司（筹）申请办理登记及据以向全体股东签发出资证明时使用，不应被视为是对贵公司（筹）验资 报告日后资本保全、偿债能力和持续经营能力等的保证。因使用不当造成的后果，与执行本验资业务的注册会计师及本会计事务所无关。

附件：1.注册资本实收情况明细表
2.验资事项说明

会计师事务所　　　　　　　　　　　　　　　中国注册会计师：

（盖章）京天会计师事务所　　　　　　　　　　　（签名并盖章）郑可京

　　　　　　　　　　　　　　　　　　　　　　　中国注册会计师：**

　　　　　　　　　　　　　　　　　　　　　　　（签名并盖章）尚雨婷

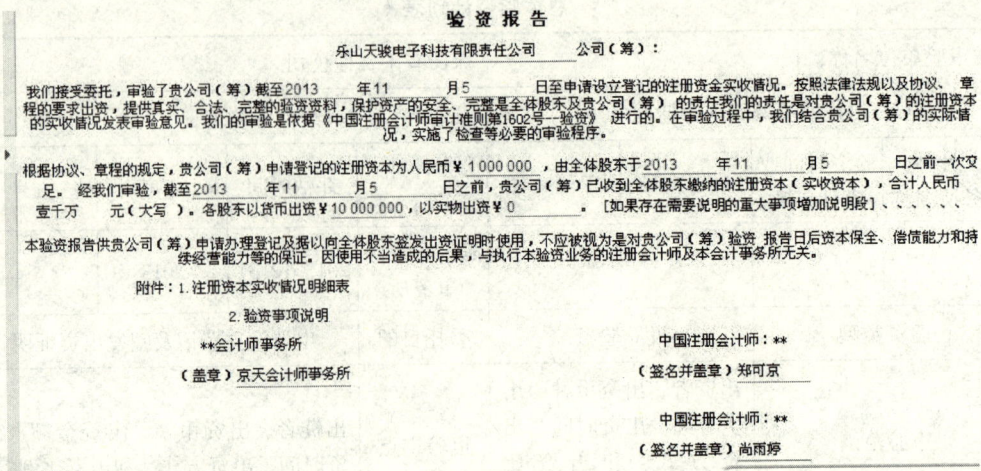

图7-9　验资报告

四、验资业务需用单据

（1）被审验单位基本情况表（见表7-1）。
（2）验资业务约定书（见附件1）。
（3）总体验资计划表（见表7-2）。
（4）验资报告（见图7-9）。

第三节　审计业务

审计是指由专设机关依照法律对国家各级政府及金融机构、企业事业组织的重大项目和财务收支进行事前和事后的审查。

模拟市场中会计师事务所主要涉及的审计类型是独立审计。

独立审计是指独立于被审计单位之外的注册会计师依据审计准则对其会计报表及相关信息进行审计并发表审计意见。

审计处理流程图如图7-10所示。

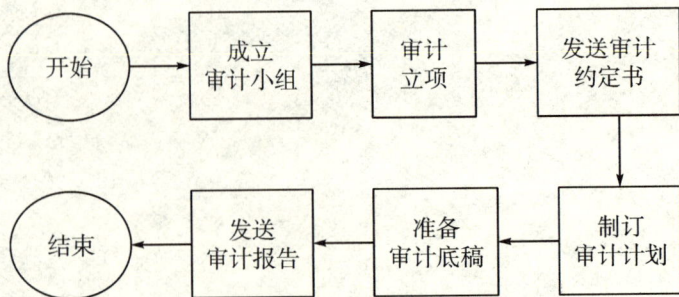

图7-10

一、审计→审计项目→新建

操作界面如图 7-11 所示。

图 7-11

然后填写图 7-12 中的表格并提交。

图 7-12

二、发送审计业务约定书

➤ 审计→审计项目→发送审计约定书→填写"审计业务约定书"（只填会计师事务所能填部分，纸质版本一并填写）→提交。

➤ 企业收到会计师事务所发送的"审计业务约定书"审核无误后补全企业部分信息→提交。

➤ 纸质版"审计业务约定书"双方盖章后由企业留存。

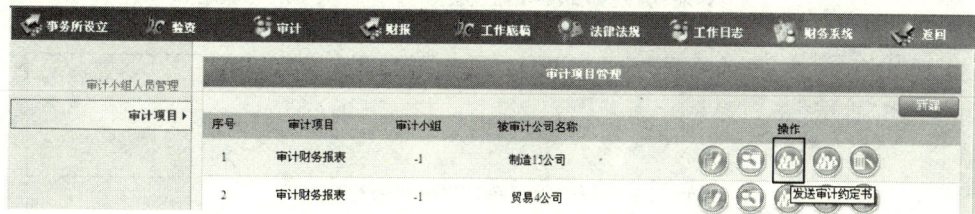

图 7-13

三、审计业务操作

➤ 审计→审计项目→业务操作（如图 7-14 所示）→查看审计业务约定书确认（如图 7-15 所示）→会计师事务所审核审计业务约定书→提交。

➤ 审计→审计项目→业务操作→编写年度审计计划→提交（如图 7-16 所示）。

➤ 审计→审计项目→业务操作→编制审计工作底稿→提交（如图 7-17 所示）。

➤ 审计→审计项目→业务操作→编制审计工作小结→提交（如图 7-18 所示）。

➤ 审计→审计项目→业务操作→出具审计报告→提交（如图 7-19 所示）（审计报告纸质版需盖章后给企业）。

图 7-14

（一）查看审计业务约定书确认

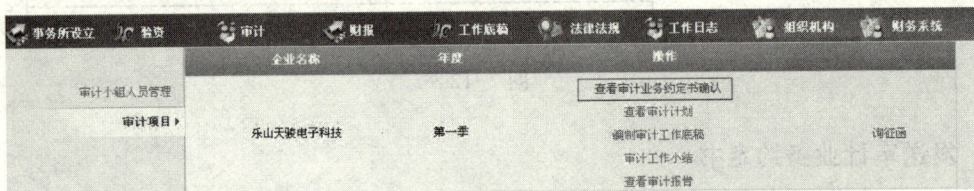

图 7-15

（二）编写年度审计计划

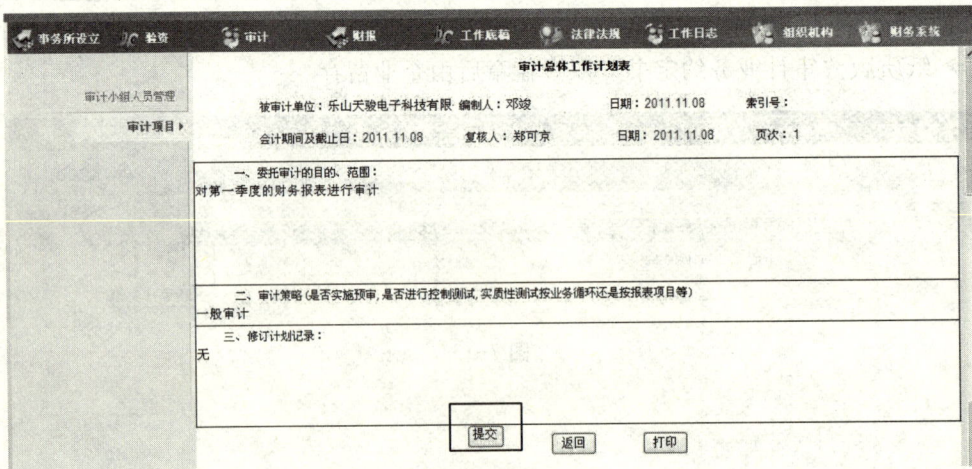

图 7-16

（三）编制审计工作底稿

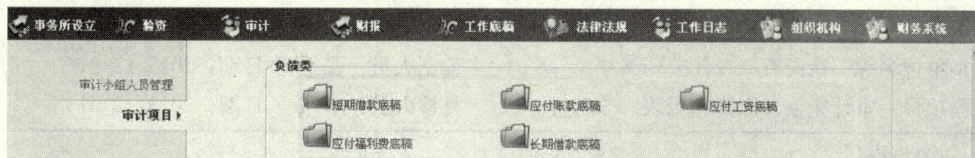

图 7-17

（四）审计工作小结

图 7-18

（五）出具审计报告

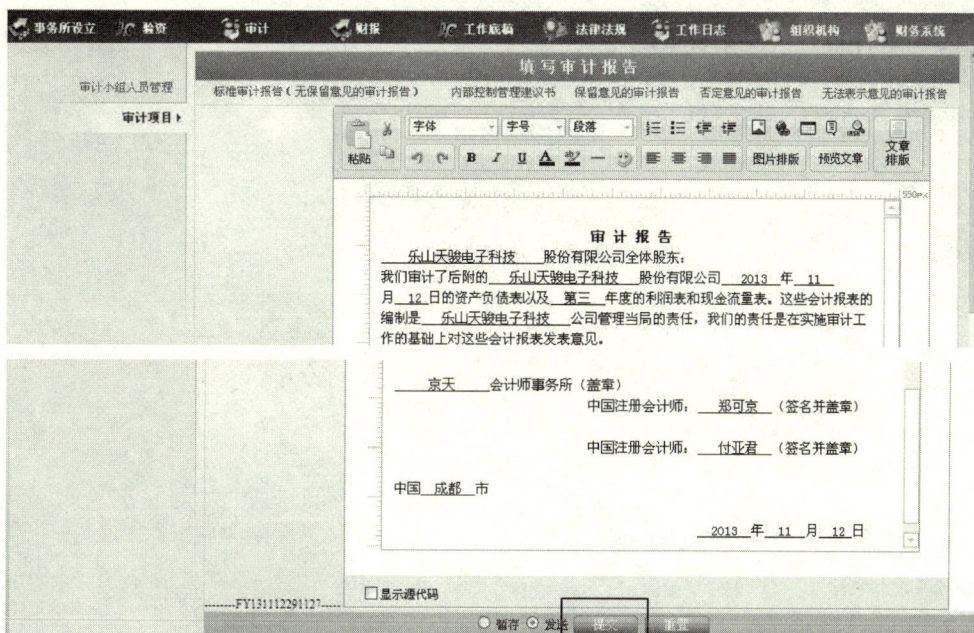

图 7-19

四、审计业务需用单据

（1）审计业务约定书（见附件 2）。

（2）审验程序表（见表 7-3）。

表 7-3 审验程序表

徐氏有限责任公司 审验程序表

索引号： 页次：

被审单位名称：徐氏有限责任公司　　　编制人员：张平　日期：2013.12.31
审验项目：审计凭证、账簿和报表　　　复核人员：李东　日期：2013.12.31

一、审验目标：
　　查错防弊，判定被审计单位一定时期内的财务报表是否公允地反映其财务状况和经营成果，并在出具审计报告的同时，提出改进经营管理的意见。

二、审验程序	使用否	索引号
1. 审凭证 2. 审账簿 3. 审报表		

三、审验结论：
　　无保留意见

四、复核意见：
　　无保留意见

（3）审计报告（见附件3）。

附件 1：

验资业务约定书

甲方：徐氏有限责任公司
乙方：京天会计师事务所

兹由甲方委托乙方对甲方截至 2013 年 11 月 30 日止注册资本及实收资本的变更情况进行审验。经双方协商，达成以下约定：

一、业务范围与委托目的

1. 乙方接受甲方委托，对甲方自 2013 年 11 月 30 日止注册资本及实收资本增加（减少）情况进行审验。审验范围包括与验资相关的出资者、出资币种、出资金额、出资时间、出资方式、出资比例和相关会计处理，以及增资后的出资者、出资金额和出资比例等。（减少注册资本的，审验范围包括与减资相关的减资者、减资币种、减资金额、减资时间、减资方式、债务清偿或担保情况、相关会计处理以及减资后的出资者、出资金额和出资比例等）

2. 甲方委托乙方验资的目的是为申请注册资本和实收资本的变更登记及向出资者签发（或换发）出资证明。

二、甲方的责任与义务

（一）甲方的责任

1. 确保出资者按照法律法规以及协议、章程的要求出资；

2. 提供真实、合法、完整的验资资料；

3. 保护资产的安全、完整。

（二）甲方的义务

1. 及时为乙方的验资工作提供其所要求的全部资料和其他有关资料（在 2013 年 11 月 30 日之前提供验资所需的全部资料），并保证所提供资料的真实性、合法性和完整性，并将所有对审验结论产生影响的事项如实告知乙方。

2. 确保乙方不受限制地接触任何与验资有关的记录、文件和所需的其他信息。

3. 甲方对其做出的与验资有关的声明予以书面确认。

4. 为乙方派出的有关工作人员提供必需的工作条件和协助，主要事项将由乙方于验资工作开始前提供清单。

5. 按本约定书的约定及时足额支付验资费用以及乙方人员在验资期间的交通、食宿和其他相关费用。

三、乙方的责任与义务

（一）乙方的责任

1. 乙方的责任是在实施审验程序的基础上出具验资报告。乙方按照《中国注册会计师审计准则第 1602 号——验资》（以下简称验资准则）的规定进行验资。验资准则要求注册会计师遵守职业道德规范，计划和实施验资工作，以对甲方注册资本的实收情况进行审验，并出具验资报告。

2. 乙方的验资不能减轻甲方的责任。

（二）乙方的义务

1. 按照约定时间完成验资工作，出具验资报告。乙方应于 2013 年 11 月 30 日前出具验资报告。

2. 除下列情况外，乙方应当对执行业务过程中知悉的甲方信息予以保密：（1）取得甲方的授权；（2）根据法律法规的规定，为法律诉讼准备文件或提供证据，以及向监管机构报告发现的违反法规行为；（3）接受行业协会和监管机构依法进行的质量检查；（4）监管机构对乙方进行行政处罚（包括监管机构处罚前的调查、听证）以及乙方对此提起行政复议。

四、验资收费

1. 本次验资业务的收费是以乙方各级别工作人员在本次工作中所耗费的时间为基础计算的。预计本次验资服务的费用总额为人民币 __2 000.00__ 元。

2. 甲方应于本约定书签署之日起 1 日内支付 0.02% 的验资费用，其余款项于验资报告送交日结清。

3. 如果由于无法预见的原因，致使乙方从事本约定书所涉及的验资服务实际时间较本约定书签订时预计的时间有明显的增加或减少时，甲、乙双方应通过协商，相应调整本约定书第四条第一项下所述的验资费用。

4. 如果由于无法预见的原因，致使乙方人员抵达甲方的工作现场后，本约定书所涉及的验资服务不再进行，甲方不得要求退还预付的验资费用；如上述情况发生于乙方人员完成现场验资工作，并离开甲方的工作现场之后，甲方应另行向乙方支付人民币 10 000.00 元的补偿费，该补偿费应于甲方收到乙方的收款通知之日起 3 日内支付。

5. 与本次验资有关的其他费用（包括交通费、食宿费等）由甲方承担。

五、验资报告和验资报告的使用

1. 乙方按照《〈中国注册会计师审计准则第 1602 号——验资〉指南》规定的格式出具验资报告。

2. 乙方向甲方致送验资报告一式 2 份，供甲方向公司登记机关申请设立登记及向出资者签发出资证明时使用。

3. 甲方在提交或对外公布验资报告时，不得修改乙方出具的验资报告正文及其附件。

4. 验资报告不应被视为对甲方验资报告日后资本保全、偿债能力和持续经营能力等的保证。甲方及其他第三方因使用验资报告不当造成的后果，乙方不承担任何责任。

六、本约定书的有效期间

本业务约定书自签署之日起生效，并在双方履行完毕本约定书约定的所有义务后终止。但其中第三（二）2、四、五、八、九、十项并不因本约定书终止而失效。

七、约定事项的变更

如果出现不可预见的情况影响验资工作如期完成，或需要提前出具验资报告时，甲、乙双方均可要求变更约定事项，但应及时通知对方，并由双方协商解决。

八、终止条款

1. 如果根据乙方的职业道德及其他有关专业职责、适用的法律法规或其他任何法定的要求，乙方认为已不适宜继续为甲方提供本约定书约定的验资服务时，乙方可以采取向甲方提出合理通知的方式终止履行本约定书。

2. 在终止业务约定的情况下，乙方有权就其于本约定书终止之日前对约定的验资服务项目所做的工作收取合理的验资费用。

九、违约责任

甲、乙双方按照《中华人民共和国合同法》的规定承担违约责任。

十、适用法律和争议解决

本约定书的所有方面均适用中华人民共和国法律进行解释并受其约束。本约定书履行地为乙方出具验资报告所在地，因本约定书所引起的或与本约定书有关的任何纠纷或争议（包括关于本约定书条款的存在、效力或终止，或无效之后果），双方选择第（2）种解决方式。

（1）向有管辖权的人民法院提起诉讼；

（2）提交 当地 仲裁委员会仲裁。

十一、双方对其他有关事项的约定

本约定书一式两份，甲、乙方各执一份，具有同等法律效力。

甲方：徐氏_____有限公司（筹）	乙方：京天会计师事务所
地址：乐山市肖坝路 222 号	地址：乐山市肖坝路 222 号
电话：8010	电话：8001
	开户行：工商银行
	账　号：FYD01311284521
授权代表：李华	授权代表：张平
2013 年 11 月 30 日	2013 年 11 月 30 日

附件2：

审计业务约定书

甲方：_____徐氏_____有限公司

乙方：_____京天_____会计师事务所

兹由甲方委托乙方进行 <u>2013 年第四季</u> 度财务报表及高新技术产品情况表进行审计，经双方协商，达成如下约定：

一、业务范围及审计目标

1. 乙方接受甲方委托，对甲方按照企业会计准则和《 <u>2006 企业会计制度</u>》编制的 <u>2013 年 12 月 31</u> 日的资产负债表，<u>2013</u> 年度的利润表和现金流量表以及财务报表附注（以下统称财务报表）进行审计，以及对 2013 年度企业自产高新技术产品销售及研究开发经费情况表进行审计。

2. 乙方通过执行审计工作，对财务报表的下列方面发表审计意见：

（1）财务报表是否按照企业会计准则和《 <u>2006</u> 企业会计制度》的规定编制；

（2）财务报表是否在所有重大方面公允反映甲方的财务状况、经营成果和现金流量。

二、甲方的责任与义务

（一）甲方的责任

1. 根据《中华人民共和国会计法》及《企业财务会计报告条例》，甲方及甲方负责人有责任保证会计资料的真实性和完整性。因此，甲方管理层有责任妥善保存和提供会计记录（包括但不限于会计凭证、会计账簿及其他会计资料），这些记录必须真实、完整地反映甲方的财务状况、经营成果和现金流量。

2. 按照企业会计准则和《 <u>2006</u> 企业会计制度》的规定编制财务报表是甲方管理层的责任，这种责任包括：（1）设计、实施和维护与财务报表编制相关的内部控制，以使财务报表不存在由于舞弊或错误而导致的重大错报；（2）选择和运用恰当的会计政策；（3）做出合理的会计估计。

（二）甲方的义务

1. 及时地为乙方的审计工作提供其所要求的全部会计资料和其他有关资料（在 <u>2013</u> 年 <u>12</u> 月 <u>31</u> 日之前提供审计所需的全部资料），并保证所提供资料的真实性和完整性。

2. 确保乙方不受限制地接触任何与审计有关的记录、文件和所需的其他信息。

［下段适用于集团财务表审计业务，使用时需要按每位客户/约定项目的特殊情况而修改，如果加入此段，应相应修改下面其他条款编号。］

［为满足乙方对甲方合并财务报表发表审计意见的需要，甲方须确保：

乙方和为组成部分执行审计的其他会计师事务所的注册会计师（以下简称其他注册会计师）之间的沟通不受任何限制。

组成部分是指甲方的子公司、分部、分公司、合营企业、联营企业等。如果甲方管理层、负责编制组成部分财务信息的管理层（以下简称组成部分管理层）时其他注册会计师的审计范围施加了限制，或客观环境使其他注册会计师的审计范围受到限制，甲方管理层和组成部分管理层应当及时告知乙方。

乙方及时获悉其他注册会计师与组成部分治理层管理层之间的重要沟通（包括就内部控制重大缺陷进行的沟通）。

乙方及时获悉组成部分治理层和管理层与监督机构就财务信息事项进行的重要沟通。

在乙方认为必要时，允许乙方接触组成部分信息、组成部分管理层或其他注册会计师（包括其他注册会计师的审计工作底稿），并允许乙方对组成部分的财务信息实施审计程序。］

3. 甲方管理层对其做出的与审计有关的声明予以书面确认。

4. 为乙方派出的有关工作人员提供必要的工作条件和协助，主要事项将由乙方于外勤工作开始前提供清单。

5. 按本约定书的约定及时足额支付审计费用以及乙方人员在审计期间的交通、食宿和其他相关费用。

三、乙方的责任和义务

（一）乙方的责任

1. 乙方的责任是在实施审计工作的基础上对甲方财务报表发表审计意见。乙方按照中国注册会计师独立审计准则（以下简称审计准则）的规定进行审计。审计准则要求注册会计师遵守职业道德规范，计划和实施审计工作，以对财务报表是否不存在重大错报获取合理保证。

［下段适用于集团财务报表审计业务，使用时需按每位客户约定项目的特殊 情况而修改，如果加入此段，应相应修改下面其他条款编号。］

［乙方不对非由乙方审计的组成部分的财务信息单独出具审计报告；有关的责任由对该组成部分执行审计的其他注册会计师及其所在会计事务所承担。］

2. 审计工作涉及实施审计程序，以获取有关财务报表金额和披露的审计证据。选择的审计程序取决于乙方的判断，包括对由于舞弊或错误导致的财务报表重大错报风险的评估。在进行风险评估时，乙方考虑与财务报表编制相关的内部控制，以设计恰当的审计程序，但目的并非对内部控制的有效性发表意见。审计工作还包括评价管理层选用会计政策的恰当性和做出会计估计的合理性，以及评价财务报表的总体列报。

3. 乙方需要合理计划和实施审计工作，以使乙方能够获取充分、适当的审计证据，为甲方财务报表是否不存在重大错报获取合理保证。

4. 乙方有责任在审计报告中指明所发现的甲方在某重大方面没有遵循企业会计准则和《2006企业会计制度》编制财务报表且未按乙方的建议进行调整的事项。

5. 由于测试的性质和审计的其他固有限制，以及内部控制的固有局限性，不可避免地存在某些重大错报在审计后可能仍然未被乙方发现的风险。

6. 在审计过程中，乙方若发现甲方内部控制存在乙方认为的重要缺陷，应向甲方提交管理建议书。但乙方在管理建议书中提出的各种事项，并不代表已全面说明所有可能存在的缺陷或已提出所有可行的改善建议。甲方在实施乙方提出的改善建议前应全面评估其影响。未经乙方书面许可，甲方不得向任何第三方提供乙方出具的管理建议书。

7. 乙方的审计不能减轻甲方及甲方管理层的责任。

（二）乙方的义务

1. 按照约定时间完成审计工作，出具审计报告。乙方应于2013年12月31日前出具审计报告。

2. 除下列情况外，乙方应当对执行业务过程中知悉的甲方信息予以保密：（1）取得甲方的授权；（2）根据法律法规的规定，为法律诉讼准备文件或提供证据，以及向监管机构报告发现的违反法规行为；（3）接受行业协会和监管机构依法进行的质量检查；（4）监管机构对乙方进行行政处罚（包括监管机构处罚前的调查、听证）以及乙方对此提起行政复议。

四、审计收费

1. 本次审计服务的收费是以乙方各级别工作人员在本次工作中所耗费的时间为基础计算的。乙方预计本次审计服务的费用总额为人民币 2 000.00 元。

2. 甲方应于本约定书签署之日起 1 日内支付 0.02 %的审计费用，其余款项于审计报告完成日结清。

3. 如果由于无法预见的原因，致使乙方从事本约定书所涉及的审计服务实际时间较本约定书签订时预计的时间有明显的增加或减少时，甲、乙双方应通过协商，相应调整本约定书第四条第一项下所述的审计费用。

4. 如果由于无法预见的原因，致使乙方人员抵达甲方的工作现场后，本约定书所涉及的审计服务不再进行，甲方不得要求退还预付的审计费用；如上述情况发生于乙方人员完成现场审计工作，并离开甲方的工作现场之后，甲方应另行向乙方支付人民币__10 000.00__元的补偿费，该补偿费应于甲方收到乙方的收款通知之日起 3 日内支付。

5. 与本次审计有关的其他费用（包括交通费、食宿费等）由甲方承担。

五、审计报告和审计报告的使用

1. 乙方按照《中国注册会计师审计准则第 1501 号——审计报告》和《中国注册会计师审计准则第 1502 号——非标准审计报告》规定的格式和类型出具审计报告。

2. 乙方向甲方致送审计报告一式 2 份。

3. 甲方在提交或对外公布审计报告时，不得修改乙方出具的审计报告及其后附的已审计财务报表。当甲方认为有必要修改会计数据、报表附注和所做的说明时，应当事先通知乙方，乙方将考虑有关的修改对审计报告的影响，必要时，将重新出具审计报告。

六、本约定书的有效期间

本约定书自签署之日起生效，并在双方履行完毕本约定书约定的所有义务后终止。但其中第三（二）2、四、五、八、九、十项并不因本约定书终止而失效。

七、约定事项的变更

如果出现不可预见的情况，影响审计工作如期完成，或需要提前出具审计报告，甲、乙双方均可要求变更约定事项，但应及时通知双方，并由双方协商解决。

八、终止条款

1. 如果根据乙方的职业道德及其他有关专业职责、适用的法律法规或其他任何法定的要求，乙方认为已不适宜继续为甲方提供本约定书约定的审计服务时，乙方可以采取向甲方提出合理通知的方式终止履行本约定书。

2. 在终止业务约定的情况下，乙方有权就其于本约定书终止之日前对约定的审计服务项目所做的工作收取合理的审计费用。

九、违约责任

甲、乙双方按照《中华人民共和国合同法》的规定承担违约责任。

十、适用法律和争议解决

本约定书的所有方面均应适用中华人民共和国法律进行解释并受其约束。本约定书履行地为乙方出具审计报告所在地，因本约定书所引起的或与本约定书有关的任何纠纷或争议（包括关于本约定书条款的存在、效力或终止，或无效之后果），双方选择以下第__2__种解决方式：

（1）向有管辖权的人民法院提起诉讼；

（2）提交__当地__仲裁委员会仲裁。

十一、双方对其他有关事项的约定

本约定书一式两份，甲、乙方各执一份，具有同等法律效力。

甲方：__徐氏__有限公司　　　　　乙方：__京天会计师事务所__

地址：__乐山市肖坝路 222 号__　　　地址：__乐山市肖坝路 222 号__

电话：__8010__　　　　　　　　　电话：__8001__

　　　　　　　　　　　　　　　　开户行：__工商银行__

　　　　　　　　　　　　　　　　账　号：__FYD01311284521__

授权代表：__李华__　　　　　　　授权代表：__张平__

　__2013__年__12__月__31__日　　　　__2013__年__12__月__31__日

附件3：

审计报告

××××× ［2013］号

徐氏有限公司董事会（或全体股东）：

我们审计了后附的徐氏有限责任公司 以下简称" 徐氏公司"）财务报表，包括2013 年12 月31 日的资产负债表，第四季度的利润表、现金流量表、所有者权益变动表以及财务报表附注。

一、管理层对财务报表的责任

编制和公允列报财务报表是 徐氏公司 管理层的责任，这种责任包括：（1）按照企业会计准则的规定编制财务报表，并使其实现公允反映；（2）设计、执行和维护必要的内部控制，以使财务报表不存在由于舞弊或错误导致的重大错报。

二、注册会计师的责任

我们的责任是在执行审计工作的基础上对财务报表发表审计意见。我们按照中国注册会计师审计准则的规定执行了审计工作。中国注册会计师审计准则要求我们遵守职业道德守则，计划和实施审计工作以对财务报表是否不存在重大错报获取合理保证。

审计工作涉及实施审计程序，以获取有关财务报表金额和披露的审计证据。选择的审计程序取决于注册会计师的判断，包括对由于舞弊或错误导致的财务报表重大错报风险的评估。在进行风险评估时，注册会计师考虑与财务报表编制和公允列报相关的内部控制，以设计恰当的审计程序，但目的并非对内部控制的有效性发表意见。审计工作还包括评价管理层选用会计政策的恰当性和做出会计估计的合理性，以及评价财务报表的总体列报。

我们相信，我们获取的审计证据是充分、适当的，为发表审计意见提供了基础。

三、审计意见

我们认为，徐氏有限责任公司 财务报表在所有重大方面按照企业会计准则的规定编制，公允地反映了徐氏有限责任公司 2013 年12 月31 日的财务状况以及第四季度的经营成果和现金流量及经营成果和现金流量。

京天 会计师事务所（盖章）　　　　中国注册会计师：　　李某

中国·乐山　　　　　　　　　　　中国注册会计师：　　王某

2013 年12 月31 日

第八章 会计核算

第一节 企业会计岗位设置及职责

一、财务总监

开设总分类账；审核记账凭证并编号；定期编制记账凭证汇总表（或科目汇总表）并登记总分类账；计算应交的各种税金和附加；利润分配；编制会计报表并进行必要的财务分析。所需开设总账科目见表8-1。

表8-1   总账建账科目

资产类		所有者权益类	
1	库存现金	20	实收资本
2	银行存款	21	本年利润
3	在途物资	22	利润分配（未分配利润）
4	原材料	成本类	
5	库存商品	23	生产成本
6	应收账款	24	制造费用
7	其他应收款	25	研发支出/开发支出
8	固定资产	损益类	
9	累计折旧	26	主营业务收入
10	在建工程	27	其他业务收入
11	无形资产	28	营业外收入
12	累计摊销	29	主营业务成本
负债类		30	其他业务成本
13	短期借款	31	销售费用
14	应付账款	32	管理费用
15	应付职工薪酬	33	财务费用
16	应交税费	34	营业外支出
17	应付利息	35	所得税费用
18	其他应付款		
19	长期借款		

二、出纳

负责办理货币资金的收付业务，建立银行存款日记账，并根据有关货币资金收付凭证逐日逐笔进行登记，每日结出金额。负责转账支票的签发以及其他银行结算凭证的填制。在财务总监的监督下与银行对账。

三、材料和生产成本核算

（一）材料核算

该核算负责对在途物资、原材料的数量金额明细账（每一种材料设置一张账页）进行详细登记。

（二）生产成本核算

该核算负责基本生产成本核算，开设基本生产成本明细账，并按"直接材料""直接人工"和"制造费用"等成本项目设专栏进行登记；负责制造费用登记，并按产品项目进行分配。

四、产成品和往来结算

（一）产成品核算

该核算负责产成品数量金额明细账（根据产品种类），自建产成品成本汇总表及完工产品入库，月末计算并结转已销售产成品成本。

（二）往来结算

该核算负责办理企业与各方面的往来结算业务。与购进付款业务相关的核算，登记应付账款；与销售收款业务相关的核算，登记主营业务收入、应收账款。

五、费用、工资及固定资产核算

（一）费用与工资核算

该核算负责销售费用、管理费用、财务费用的凭证登记以及生产工人、科研人员、管理人员等的工资计提。

（二）固定资产核算

该核算负责固定资产增减变动的核算、在建工程的核算以及固定资产折旧的计提，登记固定资产、在建工程、累计折旧凭证，定期与总分类账进行核对。

第二节　会计核算的部分规则

（1）以手工账为主、电算化为辅，可以仅做手工账，也可以同时做手工账和电算化。

（2）为减轻会计人员的工作量，本次实习只需登记银行存款日记账、在途物资、原材料和库存商品明细账、基本生产明细账和总账；报表只需编制资产负债表和利润表。

（3）会计核算以季度为单位（不以月为单位）。

（4）厂区、厂房、原材料库、产成品库、生产线的折旧期限按照10个季度计提折旧；折旧时，按直线法，不考虑残值；从固定资产达到使用状态开始的当季度开始计提折旧（不考虑当月购进不计提折旧问题，主要考虑便于核算）。

（5）产品研发费用在研发成功以后（即形成无形资产）的当季度开始按4个季度分摊。

（6）制造费用按产品数量进行分配。

（7）原材料领用采用先进先出法。

第三节　会计核算的内容

一、企业注资成立公司时的账务处理

企业成立之前，要花费一定费用，如办理营业执照、税务登记证、验资等，由于系统无法扣除，所以该部分业务省略。

公司注册完成，CEO填转账支票和转账进账单，银行盖章后将转账进账单第1联交给CEO，以此作为原始凭证。

借：银行存款　　　　　　　　　　　　　　　　　10 000 000

　贷：实收资本　　　　　　　　　　　　　　　　　10 000 000

与系统中虚拟供应商交易，在填写转账支票和增值税专用发票时的收款人或销货单位为"系统"。

二、购买厂区、厂房、仓库、生产线的处理

注意：购买厂区、厂房、仓库、生产线时均不考虑进项税问题。（系统给的是含税价）

（1）购买厂区、厂房、仓库时（购买需一次性付款，支付后立即投入使用）：

借：固定资产

　贷：银行存款

注意：购买的生产线需一次性支付全部价款，在价款支付完毕的下一季度安装完成。

（2）购入需要安装的生产线时：

借：在建工程

　　贷：银行存款

（3）下季度生产线安装完成：

借：固定资产

　　贷：在建工程

三、厂区扩建的处理

借：固定资产

　　贷：银行存款

四、计提固定资产折旧费的处理

厂区、厂房、原材料库、产成品库、生产线的折旧期限按照 10 个季度计提折旧；折旧时，按直线法，不考虑残值；从固定资产达到使用状态开始的当季度开始计提折旧。

（1）厂房、生产线计提折旧时：

借：制造费用

　　贷：累计折旧

（2）原材料库、产成品库计提折旧时：

借：管理费用

　　贷：累计折旧

（3）厂区计提折旧时（制造企业计入"制造费用"，贸易公司计入"管理费用"）：

借：制造费用/管理费用

　　贷：累计折旧

五、经营租赁租金的处理

租赁的厂房、原材料库和产成品库，其租金的处理：本期的租赁费在下一季度支付，厂房的租赁费计入"制造费用"、原材料库和产成品库的租赁费计入"管理费用"。

（1）当季计提租金时：

借：制造费用/管理费用

　　贷：其他应付款

（2）下一季度实际支付租金时：

借：其他应付款

　　贷：银行存款

六、维护费的处理

本季度发生的维护费用在下一季度支付，厂房、原材料库和产成品库的维护费都计入"管理费用"，市场的维护费计入"销售费用"，生产线的维护费计入"制造费用"。

（1）当季度计提维护费时：

借：管理费用/销售费用/制造费用

　　贷：其他应付款

（2）下一季度实际支付维护费时：

借：其他应付款

　　贷：银行存款

七、购入原材料时的账务处理

（1）经营规则中规定的单价是不含税价格的，需进行换算，最后支付的银行存款应为含税价格；

（2）本季度购买的原材料于下个季度初自动入库，材料款在下订单时一次性支付。

（3）增值税专用发票本应由销售方开，但从系统购入原材料，系统是虚拟的无法开，则由企业代开，留下第二、三联。

（1）购入时：

借：在途物资——M1　　　　　　　　　　　　　　　1 000 000

　　应交税费——应交增值税（进项税额）　　　　　　170 000

　　贷：银行存款　　　　　　　　　　　　　　　　　1 170 000

（2）下季度入库时：

借：原材料——M1　　　　　　　　　　　　　　　　1 000 000

　　贷：在途物资——M1　　　　　　　　　　　　　　1 000 000

八、企业自己生产产品的账务处理

（一）企业生产 L 产品的账务处理

（1）领用原材料时：

借：生产成本——L 产品

　　贷：原材料

（2）耗用生产工人工资：

借：生产成本——L 产品

　　贷：应付职工薪酬

（3）每季度末分配制造费用：

借：生产成本——L 产品

　　贷：制造费用（由制造费用的分配而来）

（4）产品完工入库时（生产出多种新产品）：

借：库存商品——L产品

贷：生产成本——L产品［(1)-(3)项的合计数］

（二）企业生产 H 产品的账务处理

（1）领用 L 产品：

借：生产成本——H产品

贷：库存商品——L产品

（2）耗用生产工人工资：

借：生产成本——H产品

贷：应付职工薪酬

（3）领用原材料：

借：生产成本——H产品

贷：原材料——M4-X

——M5-X

（4）每季度末分配制造费用：

借：生产成本——H产品

贷：制造费用（由制造费用的分配而来）

注意：若本季度只生产一种产品，则将本季度的"制造费用"全部计入该产品的"生产成本"；若本季度生产几种产品，则将本季度的"制造费用"按产品数量进行分配后计入每种产品的"生产成本"。

（5）产成品入库时：

借：库存商品——H产品

贷：生产成本——H产品［(1)-(4)项的合计数］

（6）制造费用分摊方法（按产品数量进行分配）：

制造费用分配，假设L型件数A件，H型件数B件

$$L型—制造费用 = \frac{所有借方制造费用}{(A+B)} \times A$$

借：生产成本——L型
贷：制造费用——L型

$$H型—制造费用 = \frac{所有借方制造费用}{(A+B)} \times B$$

借：生产成本——H型
贷：制造费用——H型

九、企业贴牌生产产品时的账务处理

贴牌产品在下一季度验收入库，产品入库时一次性支付全部价款；规则中的贴牌价格为含税价格。

（1）贴牌时：

借：生产成本——L产品   1 000 000

应交税费——应交增值税（进项税额）　　　　　170 000
　　贷：应付账款　　　　　　　　　　　　　　　　　1 170 000
（2）下一季度贴牌产品收回：
借：库存商品——L产品　　　　　　　　　　　1 000 000
　　贷：生产成本——L产品　　　　　　　　　　　　1 000 000
（3）下一季度实际支付贴牌款项时：
借：应付账款　　　　　　　　　　　　　　　　1 170 000
　　贷：银行存款　　　　　　　　　　　　　　　　　1 170 000

十、采购产成品的账务处理

注意：增值税专用发票从系统购入则由企业代开，若从企业购入则由销售方开。
借：库存商品
　　应交税费——应交增值税（进项税额）
　　贷：银行存款

十一、销售产成品时

系统提供的数据是含税价，所以需要自行计算出价款和税款（单位：万元）。
提示：
（1）含税价234万元，价款＝含税价－税款＝234－234/（1+0.17）＝200万元。
（2）企业卖给企业是本季度收款（记入银行存款）；企业卖给"系统"，于下一季度收款（记入应收账款）。
（3）原始凭证包括销售发票记账联；如果已收到银行存款，则还应有经银行盖章的进账单。
（1）销售商品时：
借：银行存款/应收账款　　　　　　　　　　　2 340 000
　　贷：主营业务收入　　　　　　　　　　　　　　　2 000 000
　　　　应交税费——应交增值税（销项税）　　　　　340 000
（2）可以同时结转销售成本（可以一笔笔结转，也可以在季度末汇总一次性结转；实务中是汇总一次性结转）。
提示：结转的销售成本，是成本价，不是销售价；原始凭证是产成品出库单。
借：主营业务成本　　　　　　　　　　　　　　1 000 000
　　贷：库存商品　　　　　　　　　　　　　　　　　1 000 000
提示：（七）～（十一）指企业供、产、销过程，制造企业会计人员在核算过程中，不可遗漏生产环节；注意强调原始凭据的取得、传递。具体可参看表8-2。

表8-2 供、产、销过程核算及其原始凭证汇总表

业务流程	会计分录	所需要的原始凭证及取得途径
供应环节	（1）购进原材料时： 借：在途物资 　　应交税费——应交增值税——进项税额 　　贷：银行存款	a.（购进材料发票，可以由CEO指定某位员工以虚拟身份给本企业开具发票）； b. 银行存款付款凭证（如转账支票存根）。
	（2）材料入库： 借：原材料 　　贷：在途物资	材料入库单（即验收单，由材料库保管员提供）。
生产环节	（1）产品成本的发生及归集（实务中，分三笔分录分别编制记账凭证）： 借：生产成本——M1 　　　　　　——M2 　　贷：原材料　　（材料的出库） 　　应付职工薪酬（工资的计提/分配） 　　制造费用　（制造费用的分配）	a. 材料出库单（由材料库保管员填列并提供）； b. 工资单（企业人事处提供，会计汇总）； c. 制造费用分配表（会计自己归集并分配）。
	（2）产品完工入库： 借：库存商品——M1 　　　　　　——M2 　　贷：生产成本——M1 　　　　　　——M2	a. 产品验收单（由企业产品库保管员提供）； b. 产品成本计算单（会计归集并提供）。
销售环节	（1）收款或赊销时： 借：银行存款/应收账款 　　贷：主营业务收入 　　应交税费——应交增值税——销项税额	a. 进账单（由会计到银行办理）； b. 销售发票记账联（会计填列并提供）。
	（2）同时或期末结转销售成本时： 借：主营业务成本 　　贷：库存商品	产成品出库单（由成品库保管员填列并提供）。
说明	生产环节，实际上也是产品成本核算的过程，不可遗漏或随意填列数据。	

十二、研发支出的核算

（1）发生研发支出：
借：研发支出
　　贷：银行存款/应付职工薪酬
（2）研发成功：
借：无形资产
　　贷：研发支出
（3）研发失败：
借：管理费用
　　贷：研发支出

（4）进行无形资产摊销：

借：管理费用

　贷：累计摊销

注意：产品研发费用在研发成功以后的当季度开始按 4 个季度分摊。

十三、市场宣传、市场开拓费用的处理

市场宣传、市场开拓而发生的费用，视同销售费用，当季付款。

借：销售费用

　贷：银行存款

十四、企业发生的资质认证费用的处理

资质认证费用于当季支付。

借：管理费用

　贷：银行存款

十五、企业支付给物流公司的运费处理

企业销售货物支付给物流公司的运费，不考虑进项税额抵扣问题。

借：销售费用

　贷：银行存款

十六、应收账款贴现处理

销售商品卖给系统的货款于下一季度收款，如果企业急需用钱，可向银行贴现，系统将扣除 20% 的手续费。

（1）发生销售时：

借：应收账款　　　　　　　　　　　　　　　　　1 170 000

　贷：主营业务收入　　　　　　　　　　　　　　　1 000 000

　　　应交税费——应交增值税（销项税）　　　　　　170 000

（2）系统扣款（应收账款贴现时）：

借：银行存款　　　　　　　　　　　　　　　　　　970 000

　　财务费用　　　　　　　　　　　　　　　　　　200 000

　贷：应收账款　　　　　　　　　　　　　　　　1 170 000

十七、企业不能按时交付订单，系统扣除 20% 的违约金的处理

借：营业外支出

　贷：银行存款

十八、关于贷款的处理

（1）取得银行借款时：

借：银行存款

贷：长期借款/短期借款

（2）关于贷款利息的处理：

贷款利息下一季度初支付上季度利息。

①季度末计提贷款利息：

借：财务费用

贷：应付利息

②下季度初支付时：

借：应付利息

贷：银行存款

（3）归还银行借款时：

借：长期借款/短期借款

贷：银行存款

十九、信息化费用的处理

信息化费用是指为提升企业各项能力等而发生的信息化费用（当季度支付）。

借：管理费用

贷：银行存款

二十、投放公益广告的处理

借：销售费用

贷：银行存款

二十一、产成品及原材料库存管理费的处理

借：管理费用

贷：银行存款

二十二、企业招聘员工招聘费用的处理

企业招聘科研人员、管理人员、生产工人等发生的招聘费用（当季度支付）：

借：管理费用

贷：银行存款

二十三、工资的处理

根据经营规则，期末先计提工资、下季度系统扣除工资。同时，CEO 招聘的员工（现实中的员工）不用计提工资。

（1）当季度计提工资时：

借：研发支出（研发人员的工资）

管理费用（管理人员的工资）

销售费用（销售人员的工资）

生产成本（车间工人的工资）

制造费用（车间管理人员，如车间主任等的工资）

贷：应付职工薪酬

（2）下季度系统扣除工资时，企业到银行转账时：

借：应付职工薪酬

贷：银行存款

（3）解聘员工当季的工资当季支付：

借：研发支出（研发人员的工资）

管理费用（管理人员的工资）

销售费用（销售人员的工资）

生产成本（车间工人的工资）

制造费用（车间管理人员，如车间主任的工资）

贷：银行存款

二十四、期末结转收入类账户

借：主营业务收入/其他业务收入/营业外收入

贷：本年利润

二十五、期末结转成本费用类账户

借：本年利润

贷：主营业务成本/管理费用/财务费用/销售费用/营业税金及附加等

二十六、期末企业所得税费用的处理

（1）计提所得税费用时（本季度业务）：

借：所得税费用

贷：应交税费——应交所得税

（2）结转所得税费用（本季度业务）：

借：本年利润

贷：所得税费用

（3）实际交税（下季度业务）：

借：应交税费——应交所得税

贷：银行存款

注意：

（1）本次实习账务处理，"本年利润"不转入"利润分配"中，即不分配。其目的在于：减轻会计人员核算压力。

（2）以上（1）（2）两笔业务在当季必须填制相关记账凭证，并在报表里面反映，实际支付税费的第3笔业务在下一季度完成。

（3）所得税的计算。

所得税在本季度出现利润总额为负数的时候不用纳税（如第 1、3 季度），若出现本季利润总额为正数时，先要看以前季度的亏损是否弥补完，若弥补完后为正数则就正数部分纳税（如第 2、5 季度），若弥补后为负数则不纳税（如第 4 季度）。

表 8-3   所得税计算举例   单位：万元

	本季度			累计		
	利润总额	所得税	净利润	利润总额	所得税	净利润
第 1 季度	−1 000	0	−1 000	−1 000	0	−1 000
第 2 季度	2 000	250	1 750	1 000	250	750
第 3 季度	−800	0	−800	200	250	−50
第 4 季度	600	0	600	800	250	550
第 5 季度	1 000	200	800	1 800	450	1 350

注：本季累计净利润＝上一季度的累计净利润＋本季度净利润；

本季累计所得税＝上一季度的累计所得税＋本季度所得税。

第四节   会计处理应注意的问题

一、编制报表前应注意的问题

（1）记账凭证每个季度需单独编号（实际工作中，应以月为单位）。

（2）应在每张记账凭证后附原始凭证。

（3）企业发生的有些费用需上季度计提，下季度支付，如工资、经营租赁租金、维护费、利息等，可以通过查看"资金预警"里面下个季度需支付的费用进行费用计提。

（4）对固定资产计提折旧，对无形资产进行摊销。具体分录见前面"三、会计核算的内容：（四）和（十二）"。

（5）期末应将所有损益类的科目，结转到"本年利润"科目中。具体分录，见前面"三、会计核算的内容：（二十四）（二十五）（二十六）"。

（6）每一季度末应将"制造费用"，按产品数量分摊到"生产成本"中。具体分录，见前面"三、会计核算的内容：（八）企业自己生产产品的账务处理中关于制造费用的分配"。

二、编制报表时应注意的问题

（1）"生产成本"科目，在填列资产负债表时，计入"存货"中，因为生产成本期末余额属于半成品；

（2）"研发支出"科目，如有余额，填列在资产负债表左边的"开发支出"中；

（3）"应交税费"的余额一般在贷方，如果出现借方余额，说明是进项税额多，而销项税额少，在填列资产负债表时是负数；

（4）期末余额应包含期初余额。其计算公式为：

期末余额＝期初余额＋本期增加数−本期减少数

第五节 科目汇总表账务处理程序的流程

一、科目汇总表账务处理程序的流程（见图8-1）

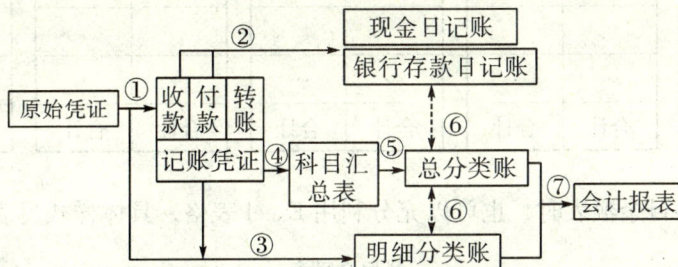

图8-1 科目汇总表账务处理程序

在科目汇总表账务处理程序下，账务处理一般按下列步骤进行：

（1）根据原始凭证或汇总原始凭证编制记账凭证；

（2）根据收款凭证、付款凭证逐笔登记现金日记账和银行存款日记账；

（3）根据原始凭证、汇总原始凭证和记账凭证登记各种明细分类账；

（4）根据各种记账凭证编制科目汇总表；

（5）根据科目汇总表登记总分类账；

（6）期末，现金日记账、银行存款日记账和明细分类账的余额同有关总分类账的余额核对相符；

（7）期末，根据总分类账和明细分类账的记录，编制会计报表。

二、简化账务处理程序

实习中，尤其是在手工账务处理情况下，可以充分利用 Excel 表格进行简化处理（见图8-2）。

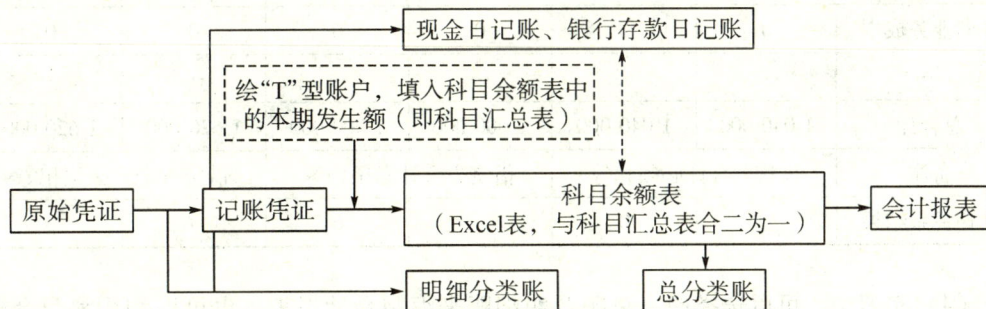

图8-2 简化账务处理程序

（1）与科目汇总表账务处理程序基本原理一样，主要区别在于利用 Excel 表格，简化了账务处理过程，并直接利用"科目余额表"编制会计报表。

（2）绘制"T"型账户时，可以充分利用 Excel 表格，具体样式见表8-4。

表8-4 第 季度"T"型账户分类汇总表

银行存款		应收账款		其他应收款		在途物资		……	
借方	贷方	借方	贷方	借方	贷方	借方	贷方	借方	贷方
0	0	0	0	0	0	0	0	0	0
…	…	…	…	…	…	…	…	…	…
合计	合计	合计	合计	合计	合计	合计	合计	合计	合计

（3）编制科目余额表时，也可以充分利用 Excel 表格，具体样式见表8-5。

表8-5 科目余额表

单位： 第 季度

科目名称	期初余额		本期发生额		期末余额	
	借方余额	贷方余额	借方发生额	贷方发生额	借方余额	贷方余额
库存现金	40 000	0	500 000	300 000	240 000	0
银行存款	1 000 000	0	400 000	20 000	1 380 000	0
应收票据	0	0			0	0
…	…	…	…	…	…	…
应付账款	0	1 040 000	100 000	35 000		975 000
…	…	…	…	…	…	…
实收资本/股本	0	0	0	645 000		645 000
…	…	…	…	…	…	…
主营业务收入	0	0	0	0	0	0
…	…	…	…	…	…	…
主营业务成本	0	0	0	0	0	0
…	…	…	…	…	…	…
总合计	1 040 000	1 040 000	1 000 000	1 000 000	1 620 000	1 620 000
备注	借贷方合计必须相等		借贷方合计必须相等		借贷方合计必须相等	
平衡关系结果	0		0		0	

（4）实习中，可以选择理由总账及明细账来编制会计报表，也可以利用科目余额表直接编制会计报表。

第六节　部分表格的填写举例

下面简要介绍一下会计处理过程中相关会计表格的填写，见表8-6至表8-8。

表8-6　　　　　　　　　　　　　　　　银行存款日记账

20×3 年		凭证编号	摘要	对方科目	借方	贷方	借或贷	余额
月	日							
			期初余额					300 000
12	8	3	购买原材料			34 000		266 000
12	8	3	购买原材料			5 780		260 220
12	10	5	支付电费			1 600		258 620
12	10	5	支付电费			400		258 220
12	16	6	销售产品		72 000			330 220
12	16	6	销售产品		12 240			342 460
12	18	7	收回账款		52 650			395 110
12	20	8	支付应付款			32 760		362 350
12	31		本月合计		136 890	74 540		362 350

注意："银行存款"科目只能是借方余额。

表8-7　　　　　　　　　　　　　　　　原材料明细账

材料名称：甲材料　　　　　　　　　　　　　　　　　　　　　　　　　　　计量单位：千克

20×3 年		凭证		摘要	收入			发出			结存		
月	日	字	号		数量	单价	金额	数量	单价	金额	数量	单价	金额
				期初余额							1 000	140	140 000
12	4		2	购入	200	140	28 000				1 200	140	168 000
12	24		9	生产领用				600	140	84 000	600	140	84 000
12	31			本月合计	200	140	28 000	600	140	84 000	600	140	84 000

表8-8　　　　　　　　　　　　　　　　总账

会计科目：银行存款

20×3 年		凭证		摘要	借方	贷方	借或贷	余额
月	日	字	号					
				期初余额			借	2 000
3	31			第1季度发生额	40 000	20 000	借	22 000
6	30			第2季度发生额	20 000	10 000	借	32 000
				第1~2季度合计	60 000	30 000	借	32 000
9	30			第3季度发生额	15 000	4 000	借	43 000
				第1~3季度合计	75 000	34 000	借	43 000
12	31			第4季度发生额	30 000	10 000	借	63 000
				第1~4季度合计	105 000	44 000	借	63 000

第七节 会计简表

每季度需填制基本生产明细账，以方便成本的核算。见表 8-9 至表 8-10。

表 8-9 生产成本核算

项目		金额
领用半成品		
领用原材料		
生产工人工资		
制造费用	计提折旧（购买的厂房、生产线）	
	租赁厂房费用	
合计		
单位成本＝总成本/生产件数		

表 8-10 期间费用表

名称	具体项目	金额
管理费用	员工的招聘费（含研发人员、生产工人等）	
	管理人员的工资	
	信息化	
	ISO 认证	
	维护费用	
	折旧费〔原材料库、产成品库计提的（买的）〕	
	研发支出（研发失败）	
	无形资产摊销（研发成功计入无形资产）	
	管理费用小计	
销售费用	广告费用	
	市场开拓	
	市场维护	
	订单买入	
	运输费（物流）	
	销售费用小计	
财务费用	利息费用	
	三项期间费用合计	

第八节 会计电算化——金蝶 K3 学生操作指南

一、改 IP 地址

➤ 开始→程序→金蝶 K3→金蝶 K3 工具→远程组件配置工具。

IP：192.168.5.251 改为 IP：192.168.1.251。

二、进入金蝶账套

（1）点击金蝶 K3 主控台，选择组织机构和当前账套，如图 8-3 所示。

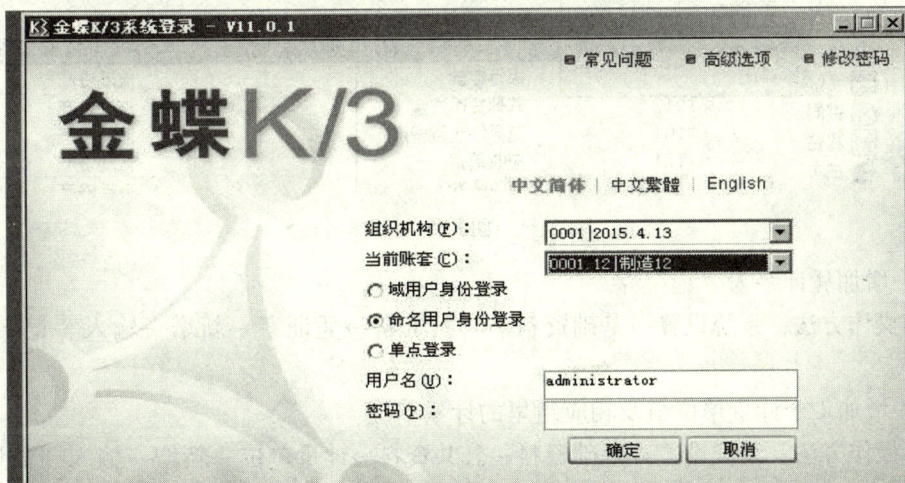

图 8-3 金蝶 K3 主控台

（2）系统→K3 主界面，K3 主界面如图 8-4 所示。

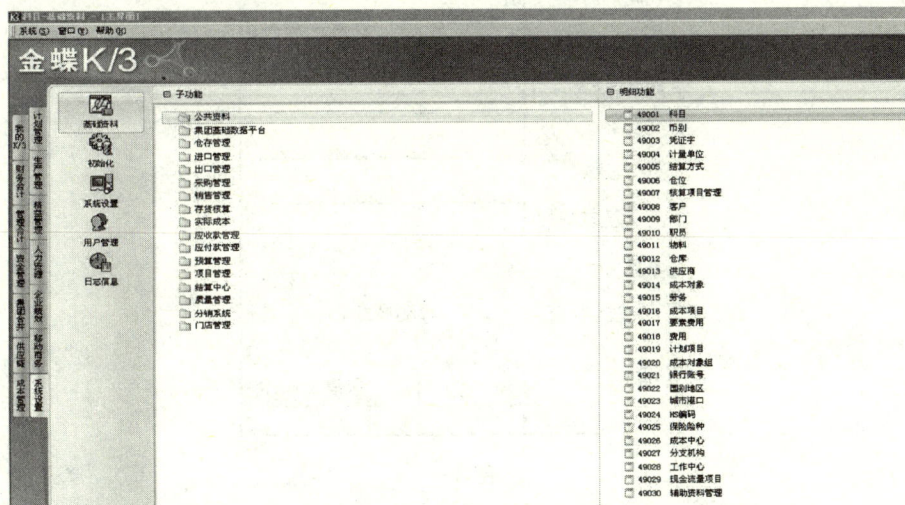

图 8-4 金蝶 K3 主界面

三、账套初始化

(一)基础资料

1. 从模板中引入会计科目(新会计准则制度)

➢ 操作方法:系统设置→基础资料→公共资料→科目→文件→从模板中引入科目→新会计准则科目→引入→全选→确定。

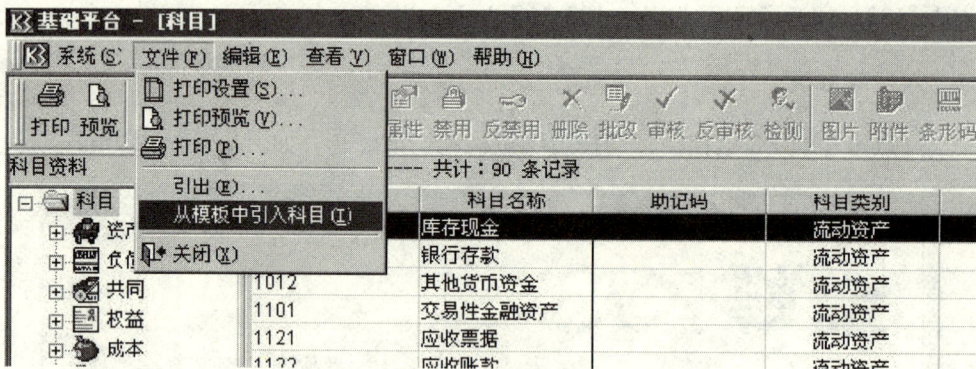

图 8-5

2. 增加凭证字为"记"字

➢ 操作方法:系统设置→基础资料→公共资料→凭证字→新增→输入"记字"→确定。

3. 增加 1 个计量单位组及相应组里的计量单位

➢ 操作方法:系统设置→基础资料→公共资料→计量单位→新增→输入"数量组"→确定→单击"数量组内容"→新增"代码和名称"→确定。

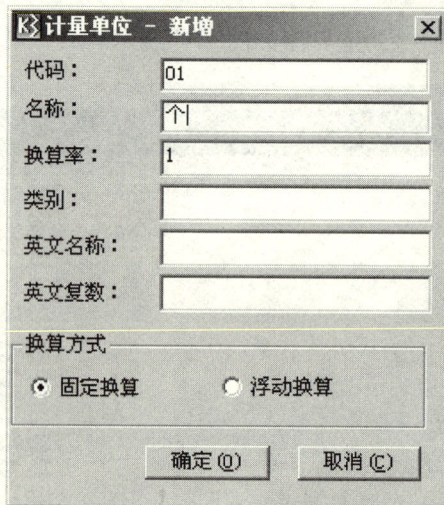

图 8-6

4. 增加支票结算方式

➤ 操作方法：系统设置→基础资料→公共资料→结算方式→新增→确定。

表 8-11

代码	名称	科目代码
JF06	转账支票结算	1002. 0

5. 银行账号

➤ 操作方法：系统设置→基础资料→公共资料→银行账号→新增（如图 8-7 所示）
→确定。

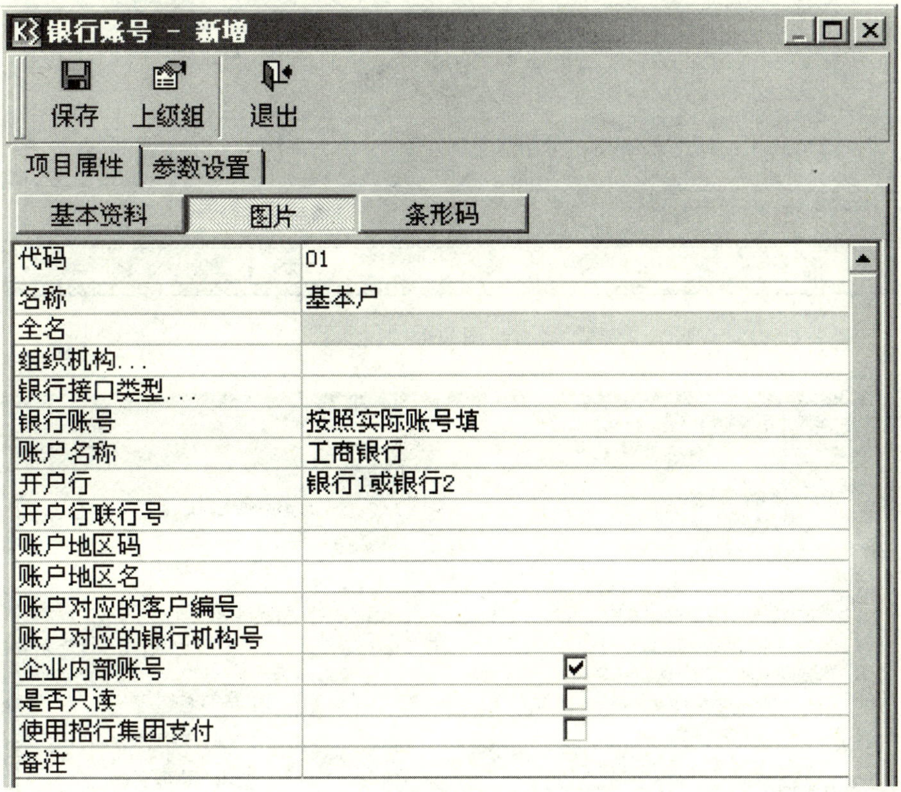

图 8-7

（二）系统设置

➤ 操作方法：系统设置里→系统设置→总账→系统参数。

（1）进行系统设置（按公司真实信息填写）；

（2）设置"本年利润"和"利润分配"科目代码。

对以下账套选项打"√"：

（1）启用往来业务核销（如图 8-8 所示）；

（2）新增凭证自动填补断号（如图 8-9 所示）。

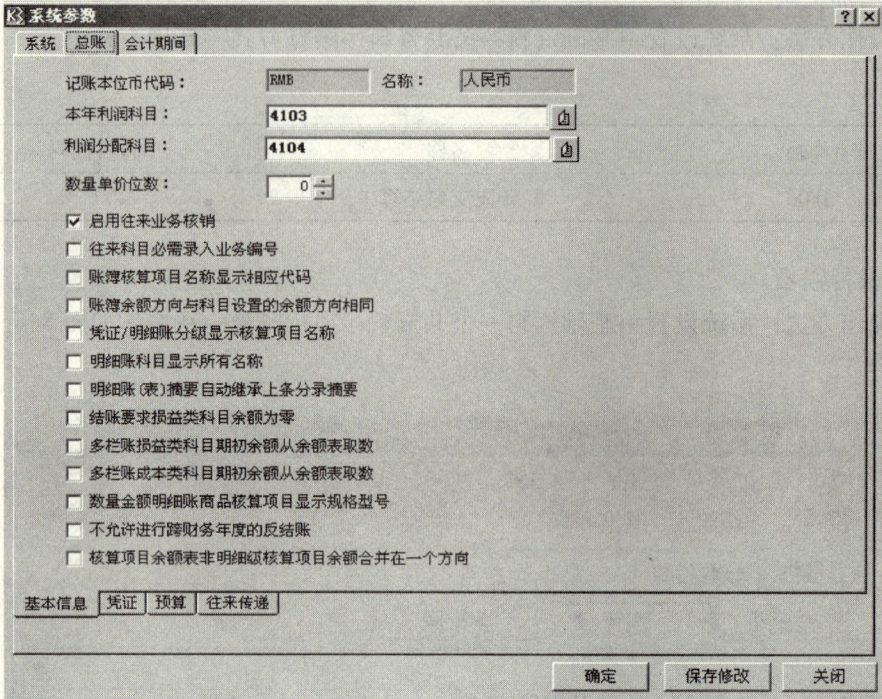

图 8-8

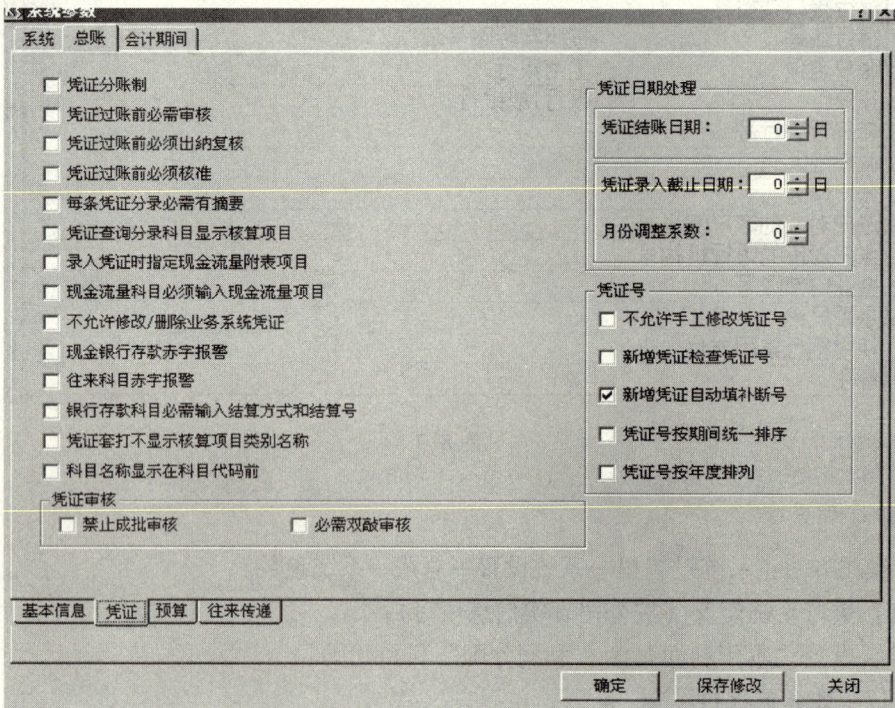

图 8-9

（三）用户管理

> 操作方法：系统设置→用户管理→总账→系统参数。

（1）用户管理→新建用户。

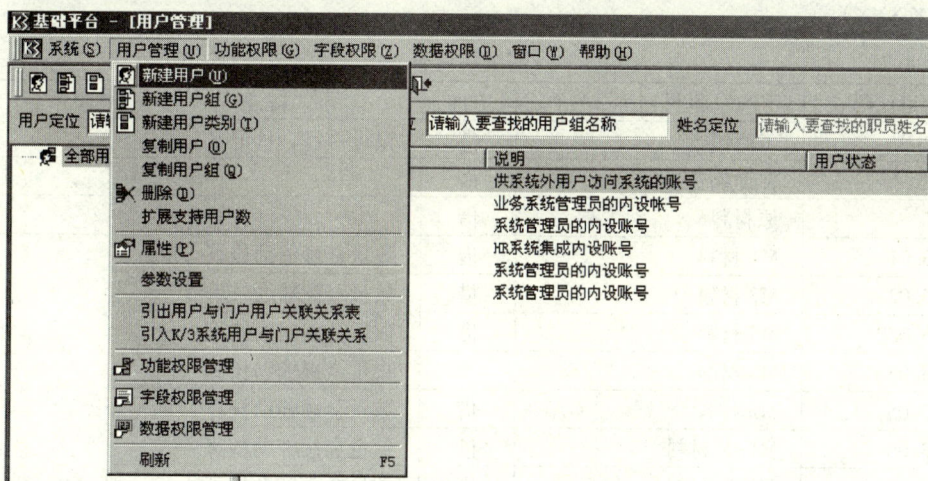

图 8-10

（2）输入用户姓名，并确定。

（3）认证方式，选密码认证。

（4）用户授权。

> 操作方法：选定新增用户→点鼠标右键→功能权限管理→全选→授权。

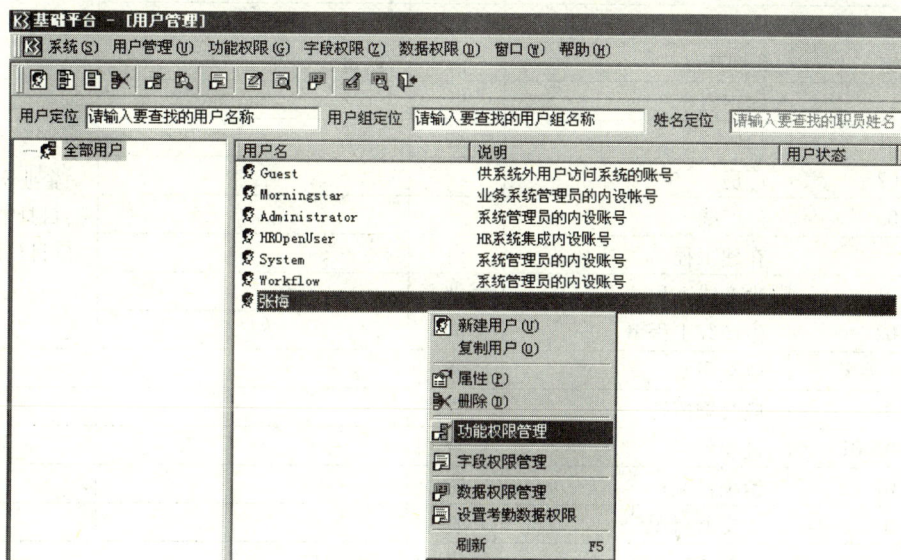

图 8-11

（四）初始化

> 操作方法：系统设置→初始化→总账→结束初始化。

（五）建立明细科目

> 操作方法：系统设置→基础资料→公共资料→科目→新增。

除下列明细科目以外，企业可根据实际情况进行添加，注意添加二级科目的代码（××××.×××）。

表 8-12   明细科目表

科目代码	科目名称	方向	备注	
1002.01	工商银行	借	银行科目、日记账	
1402	在途物资	借		
1403	原材料	借		
1403.01	M1 材料	借	数量金额辅助核算	
1403.02	M2 材料	借	数量金额辅助核算	
1403.03	M3 材料	借	数量金额辅助核算	
1403.04	M4 材料	借	数量金额辅助核算	
1403.05	M5 材料	借	数量金额辅助核算	
1403.06	M1-X 材料	借	数量金额辅助核算	
1403.07	M2-X 材料	借	数量金额辅助核算	对应选择
1403.08	M3-X 材料	借	数量金额辅助核算	单位
1403.09	M4-X 材料	借	数量金额辅助核算	
1403.10	M5-X 材料	借	数量金额辅助核算	
1405	库存商品	借		
1405.01	L 型产品	借	数量金额辅助核算	
1405.02	H 型产品	借	数量金额辅助核算	
1405.03	O 型产品	借	数量金额辅助核算	
1405.04	S 型产品	借	数量金额辅助核算	
1601	固定资产	借		
1601.01	厂区			
1601.02	厂房			企业根据
1601.03	生产线			自身情况
1604	在建工程	借		可自行设置
1604.01	生产线工程 A	借		
1604.02	生产线工程 B	借		
2221	应交税费	贷		
2221.01	应交增值税	贷		
2221.01.01	进项税额	贷		
2221.01.02	销项税额	贷		
2221.03	应交所得税	贷		
5001	生产成本	借		
5001.01	L 产品	借		
5001.02	H 产品	借		
5001.03	O 产品	借		

操作要点：

（1）在设置数量金额明细科目时选择计量单位组和缺省单位。

（2）如果已录入明细科目后在系统资料界面看不到，可以在"工具"菜单下选"选项"中的显示明细科目一项即可。

四、日常业务处理

根据实际业务记账凭证录入系统。本实习课中，业务日期和制单日期一样，审核和制单不能是同一人，每个季度按每月处理，第一季度日期统一为20××年1月31日，第二季度日期统一为20××年2月28日。以此类推。

五、季末处理

具体操作步骤如下：

➤ 财务会计→总账→凭证处理→凭证查询→批量审核→凭证过账→结账→结转损益。

➤ 自动结转损益类科目，生成最后一笔业务的凭证，并审核、过账。

➤ 当本季度需交所得税时，需增加1张计提所得税费用的凭证，然后对这张凭证进行审核→过账→结转损益（出一张凭证）→审核→过账。

六、编制报表

根据每个季度的财务状况编制资产负债表、利润表。

说明：

（1）编制报表是通过点击财务会计→报表→新企业会计准则→资产负债表。

（2）报表中有"期末余额""年初余额"，其中"年初余额"是指自然年的年初数。在本实习课程中，不必填写年初数，每季度的报表中年初数均为0。

第九章　物流、保险公司业务规则

　　根据物流在仿真实习环境中的作用，主要涉及的功能包括合同管理、合同仓储以及运输业务管理三个方面。保险公司的设定功能是完成物流运输过程的保险业务。在目前的系统中，物流公司和保险公司作为"现代企业运作综合实习平台"的两个独立的组成机构，其工作环节都设定在企业的销售订单交付时开展。

第一节　物流公司操作界面

　　实习开始之前，系统要求学生根据系统提供的注册码，设定各自的身份，登录到特定机构去开展实习工作，注册的方式都是相同的。只是对物流公司而言，系统分配给 CEO 的注册码和普通员工的注册码虽然是不同的，但是操作权限完全一致。作为实习的规则，还是建议 CEO 和普通员工使用不同的注册编码，人为地加以区别。

　　学生注册到物流、保险公司之后，需要仿真地将该公司创建起来。该操作与其他制造企业、贸易公司创建的流程完全一致，请按照系统提示（如图 9-1 所示），完成工商注册、银行开户、审计验资、税务登记等所有审批工作，并创建组织架构，公司就建立完成了。

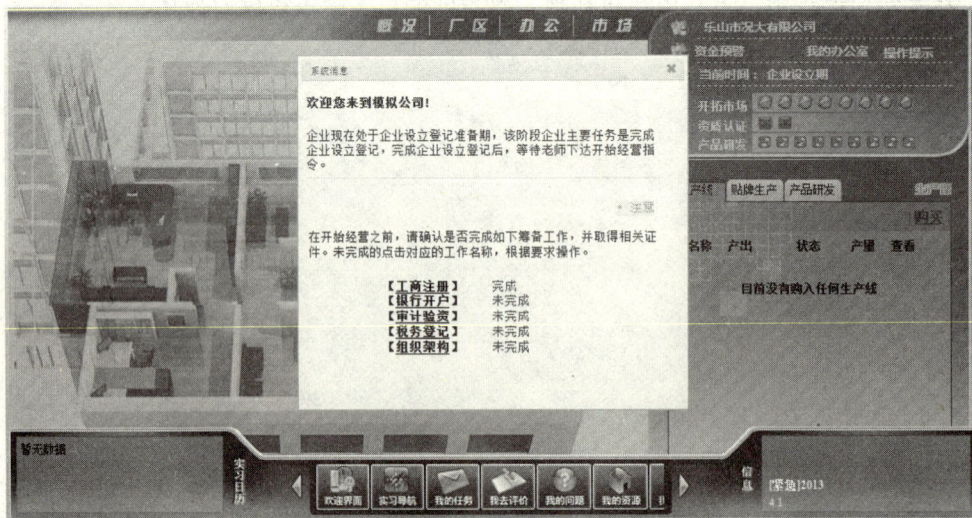

图 9-1　物流、保险公司创立初始界面图

公司建立起来之后，以物流公司员工身份，使用注册码登录到系统中，就可以直接进入到物流公司操作界面（见图9-2）。

图9-2 物流公司操作菜单

图9-2中的红色标记的各个菜单项目为：

合同管理：合同签订、订单信息、集货调度。

仓储业务：仓储管理、仓储资源。

运输业务：国内运输、运输资源。

相关知识：运输知识、仓储知识、业务流程。

注册企业：企业名称预先核准、企业设立登记、税务登记、开户申请、开户业务。

返回：返回物流中心，可以办理其他业务。

当前角色：显示登录企业或员工的当前身份。

第二节 物流主要业务

一、签订物流合同

第三方物流服务需要企业与第三方物流公司经过协商后，在双方认可的基础上，签订相关协议，用以明确双方的责任、权利和义务，规范双方的行为，这份协议即是第三方物流合同。

在系统仿真中，每个机构只要是开展物流业务，就必须与物流公司先行签订物流合同。物流合同是物流公司（乙方）与物流服务需求方（甲方）签订的一个货物运输协议（参见附件1）。甲方只需要在第一次提交"物流交付"请求时，与物流公司签订一次物流合同就可以了。以后的每笔物流业务，都以"物流订单"的形式产生，而无需再次签订物流合同。

物流合同签订之后，在甲方的界面下，可以看到该合同（如图9-3所示），在物流公司的操作界面下，也可以看到合同（如图9-4所示）。

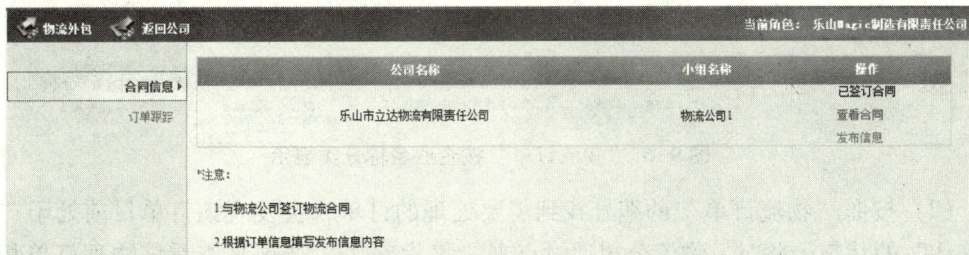

图9-3 在制造企业或贸易公司界面下看到的物流合同

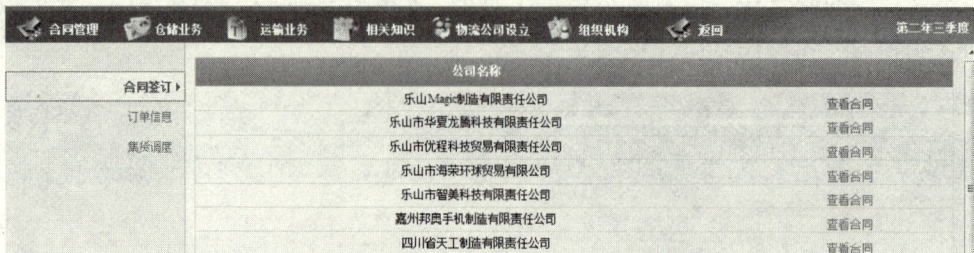

图9-4　在物流公司界面下看到的物流合同

二、处理物流订单

等到甲方"发布信息"之后，在甲方界面下，刚刚提交的物流订单呈现"未交付"的状态（如图9-5所示），此时需要等待物流公司进行处理。

图9-5　甲方"未交付"的订单界面

进入物流公司界面，开始对刚刚提交过来的"物流订单"进行操作。物流公司需要认真核对每一笔"物理订单"，避免出现客户物流业务无法完成、物流费用填写不正确等错误。具体的操作流程如下：

（1）点击进入到物流公司界面，选择"合同管理"标签，然后选择左侧的"订单信息"选项，就可以看到由甲方发来的物流订单。

目前系统在物流公司的界面下，按照不同企业的名称对订单进行分类处理（如图9-6所示），但同一家企业的所有订单信息无序排列，需要在查找时稍微细致一些。

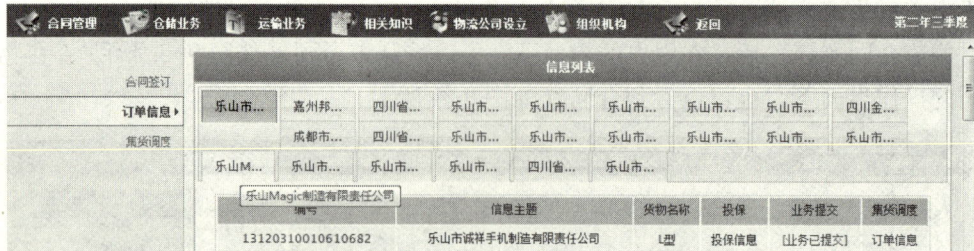

图9-6　"物流订单"按企业名称分类显示

（2）按照"物流订单"的编号找到需要处理的订单，会发现该订单目前处于"集货确认"的状态。此时，物流公司通过点击"集货确认"选项来查看该物理订单相关信息，确认无误之后，点击"集货确认"按钮。

（3）"集货确认"完成之后，再次回过头去看到"订单信息"，就会发现订单现在处于"未投保"状态，提醒操作人员应该对该笔物流订单申请投保。于是，找到这笔订单，并点击"填写投保信息"（如图 9-7 所示）。

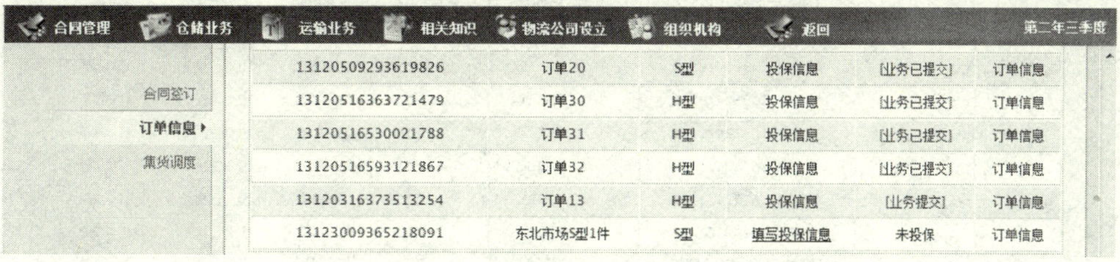

图 9-7　"未投保"状态的订单

目前系统对"投保信息"的填写内容非常简单，只需要填写产品类型、产品数量、保额、始发地和目的地 5 个项目内容就可以了。而且系统自身不会检查所有填写内容，所以要求在填写的时候一定要按照正确的信息完整填写。填写完毕之后，点击"提交"按钮就可以完成这一步操作了（如图 9-8 所示）。

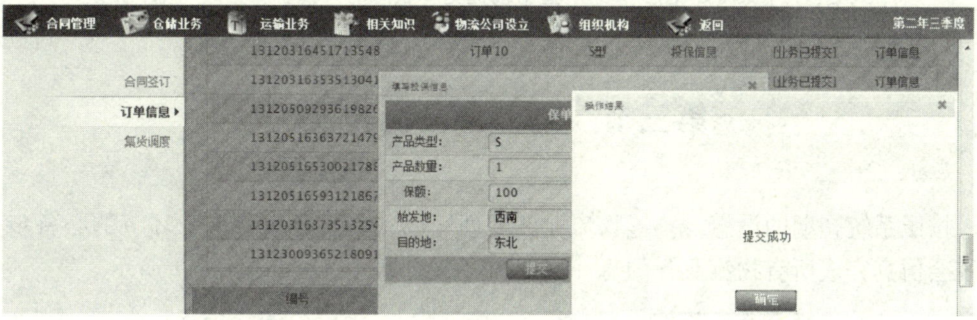

图 9-8　"投保信息"填写提交成功

三、订单业务提交

当投保信息填写完毕之后，在物流公司的界面下，该笔订单就已经处于"业务提交"状态（如图 9-9 所示），到此意味着所有应该做的工作已经基本完成。

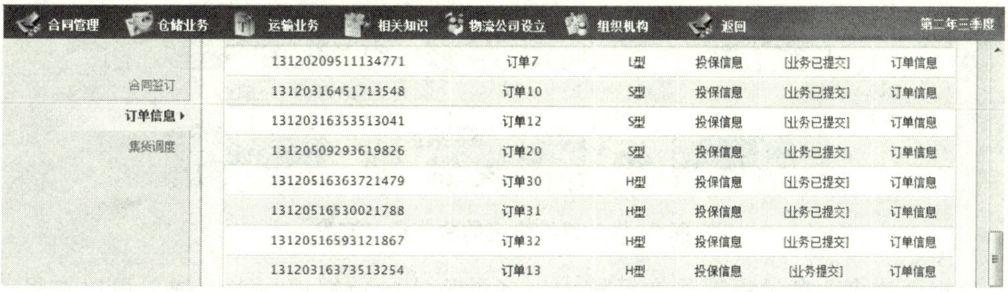

图 9-9　"业务提交"状态的订单

进一步地，只需要点击"业务提交"选项，然后确认"物流交付"之后，订单就处于"业务已提交"状态。此时，该笔"物流订单"的处理就全部完成了（如图 9-10

所示）。当系统拨入到下一个季度的时候，该笔物流交付业务就会自动完成了。

图 9-10 "业务已提交"状态的订单

第三节 物流业务操作流程

按照系统初期的设想，一笔物流业务处理完成，需要经过若干个环节的必备步骤。系统会仿真完成所有物流业务的每一个逻辑环节，具体流程如图 9-11 所示。

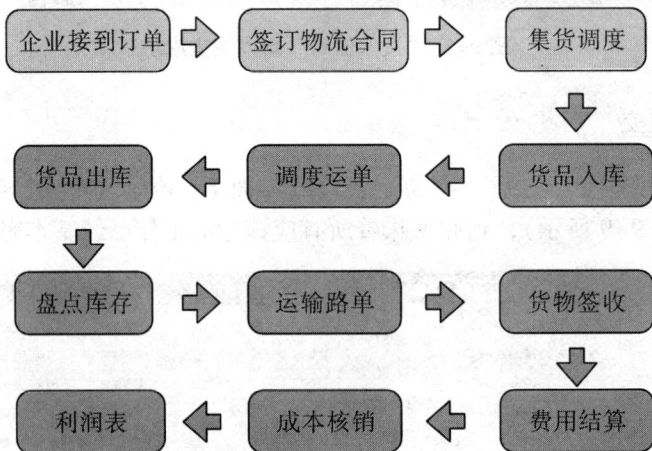

图 9-11 系统设定的物流业务流程

这里面许多业务过程都是在系统中以各种形式的单据填写来完成，可以在目前的物流公司操作界面中见到这些单据，原则上，每一个单据都需要填写完成了之后，才能进入到下一个步骤。

但是在实际操作流程上，这些单据的填写，对整个业务处理并不产生具体的影响。

也就是说，大量初始设定的工作并没有真正成为操作的必备步骤。

在上图中，真正必须完成的业务流程，只需要经过 3 个步骤，其中，带有"红色三角(▲)"的步骤，是需要与其他机构交互完成的。如图 9-12 所示。

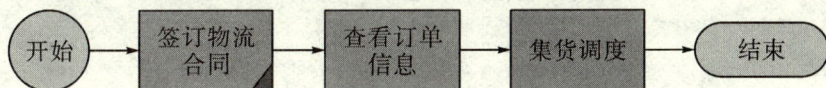

图 9-12　系统实际的物流业务流程

实际操作中，这 3 个步骤的业务包括：

（1）签订物流合同：该步骤只需要在进行第一次处理物流交付业务的时候完成就可以了。

（2）查看订单信息：每次物流业务都是以物流订单的形式呈现在物流公司操作界面上，所以，每笔物流业务都要单独进行物流订单信息处理。

（3）集货调度：根据系统最初设定，集货调度本身是需要选择仓储资源和运输资源的。但是，由于系统目前还没有最终完善，所以，集货调度在目前的系统版本下，只需要进行简单的处理，此处暂不讲解。

第四节　保险公司简介

保险公司的员工注册与公司创立两个环节，与其他机构的完全一致，没有任何区别。此处不再赘述。

在系统目前的设定中，保险业务只是发生在物流公司处理每一笔物流交付订单的时候，由物流公司主动给运输过程进行投保。这个业务逻辑表现在系统仿真中，就是要求填写"货物运输保险投保单"（以下简称投保单）。

投保单就是在物流公司进行物流运输过程中，由保险公司对运输过程承保的协议。

就目前的系统而言，保险公司（如图 9-13 所示）融入整个平台的关系没有理顺，保险公司的业务仿真程度不高。例如，目前填写投保单时，关于保费的计算就没有一个合理的依据，通常都由物流公司手动填写。

但是该投保单填写的内容与目前系统中的物流业务并不矛盾，即使不填写投保单，也不影响物流交付。同时，即使保险公司将投保单填写完毕之后提交，物流公司也无法收到。所以，目前保险公司的业务会对其他机构的操作产生实质性的影响。

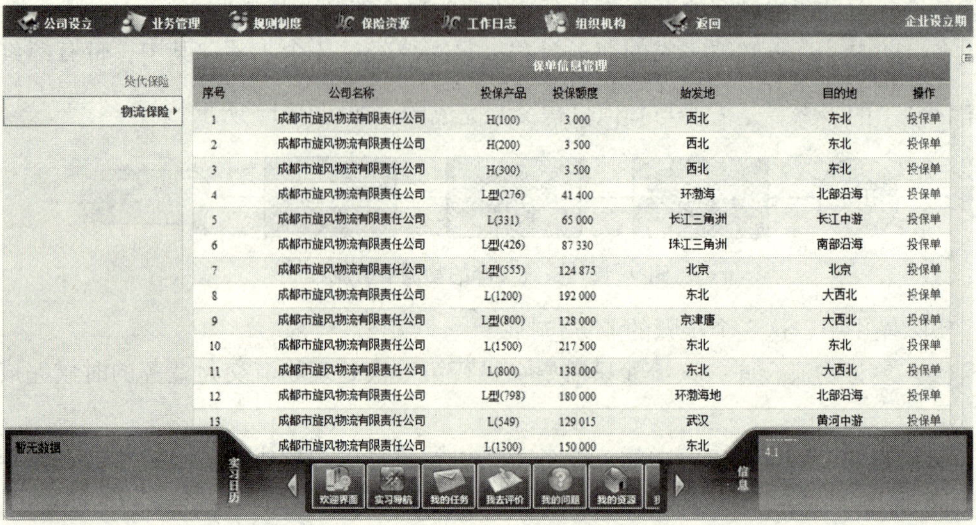

图 9-13　保险公司主要业务界面

之所以出现这样的情况，是因为在目前的系统设定中，物流交付的过程不存在发生失误的可能性，所以保险公司不存在保险理赔的情况。然而，出于对客观现实仿真的要求，应该为保险公司的业务设定一个比较合理的游戏规则，来保证保险公司的业务能够合理地融入整个系统中去。

初步设想的保险公司业务逻辑包括以下几个要素：

（1）物流交付会按照一定的比率，随机发生运输过程出现差错的情况，使得保险公司在理论上具有理赔业务的可能性。

（2）保险公司针对每一笔物流交付所收取的保费，应该相对合理。

（3）由于保险公司的业务是在物流交付业务的基础之上开展起来的，所以，运输过程出错的几率应该符合系统真实产生的物流交付业务数量。否则，运输过程出错的几率太小，无法出现理赔业务，降低保险公司业务强度；运输过程出错的几率太大，理赔业务出现次数过多，造成保险公司亏损甚至倒闭。

（4）可以考虑增加保险公司的业务范围，使得保险不仅仅局限在物流交付的业务逻辑范围之内，比如开设固定资产保险、企业经营保险等业务。这样，才使得整个系统的仿真程度进一步提高，满足教学的实际要求。

第十章　信息中心业务规则

　　信息中心作为现代企业运作综合实习中的一个组成机构，其在综合实习中的职能主要表现为通过对参与实习的人、发生的事的报道，使同学们迅速了解实习中的各项信息，传播观点，同时附带部分娱乐功能。

　　信息中心机构的组建在实习正式开始之前，在负责信息中心实习指导的教师带领下组织参加实习的学生完成信息中心机构人员的选拔、与组成信息中心的全体成员一起完成信息中心主任人选的确定、了解信息中心职能、对即将开始的工作进行初步安排，从而保证在实习第一天——"实习动员大会"时就能够正常开展工作，包括采访参与其他机构 CEO 竞聘的同学、对第一天招聘大会现场情况进行采访报道，将第一天工作的结果以自办小报的形式并在系统内的信息平台上展示给所有参与实习的师生。

第一节　信息中心操作界面

　　实习开始后，在系统注册阶段，信息中心人员根据系统提供的注册码以及各自的分工，设定各自的身份，注册并登录到信息中心开展实习工作。CEO 的注册码和普通员工的注册码是不同的，相对应的操作权限也不完全一致。机构负责人在分配注册码的时候应加以注意。

　　学生注册到信息中心后，首先要完成信息中心的创建，创建的流程与制造企业、贸易公司创建的流程完全一致，请按照系统提示完成工商注册、银行开户、审计验资、税务登记等所有审批工作，并创建组织架构，完成后信息中心就创建起来了。信息中心创建完成后的登录界面如图 10-1 所示。

图 10-1　信息中心登录界面

第二节　信息中心主要业务

信息中心业务主要包括：对综合实习进程中的新闻素材进行采集，包括文字、照片、视频素材，以及在信息平台获取的企业经营数据，并对采集到的素材进行加工处理，以新闻稿件的形式刊登在实习期间信息中心出刊的报纸上进行报道，同时对实习系统中信息平台上的信息进行更新；将采集到的照片、视频素材编辑加工成实习过程视频，并在实习总结大会上播放，对本次综合实习进行总结回顾；通过对企业经营数据的分析、预测，形成分析报告，与有需求的企业进行合作。

一、新闻素材的采集

综合实习中的新闻素材包括：
- 实习中表现突出的师生和机构；
- 实习中需要注意的经营规则；
- 实习过程中值得推广的经验；
- 实习机构需要小心避免发生的失误；
- 企业由于自身发展需要加以推广传播的信息，即所谓的广告；
- 在信息中心平台上获取的企业经营数据；
- 其他需要广泛传播值得报道的事情等。

新闻素材作为在采访中获得的原始材料，是提炼新闻事实、新闻题材、报道主题和写作新闻报道的基础，其形式往往零散杂错、真伪莫辨，一般只接触到事物的局部细节或表象，只有经过认真的核实、鉴别、整理和提炼加工，才能成为真实、完整、典型、生动的新闻事实，成为新闻报道反映事物的本来面目，揭示事物本质的具有高度可信性和雄辩说服力的材料。因此，要求信息中心的工作人员必须做有心人，养成随时随地挖掘潜在新闻素材的良好习惯。潜在的新闻素材散布于众多的企业、机构和学生、教师之中，信息中心的记者不仅要在工作中接触它们，还必须在工作之余扩大视野。一则信息、一份文件、一次聊天、一件偶然碰到的小事，背后都可能隐藏着众多有价值的新闻素材。只有做一个有心人，时时处处用心去听、去观察、去接触，抓住一切线索和机会，积累大量的第一手资料，才能避免新闻采访浅尝辄止，写出的新闻作品才会有血有肉。

信息中心的记者要对当前进行的实习有足够的了解，明确什么是有价值的新闻，具有高度的洞察力，从而做到有的放矢，高效地完成采访任务和新闻稿件的撰写。

信息的采集还必须掌握一定的技巧，比如链式引荐法就是一个很好的寻找新闻素材的方法。信息中心的成员特别是负责新闻素材采集的记者，在接触采访对象时，由于采访对象多为同班或同级的同学，可以请对方随时为你"报料"或者介绍新的采访对象。这样，一次采访的结束可能成为以后若干次采访的开始，如此"滚雪球"，新闻来源范围越广，获取有价值新闻的机会自然更多。

二、信息中心自办报纸的出刊

信息中心自办报纸的名字和 LOGO 可以自己拟定，刊号按照前一刊的编号顺序编写。从实习开始的第二天出刊，一直到实习最后一天结束，总计每次实习出刊 9 期。每期要求在第二天上午十点前完成对初稿的校对、指导教师的审查，以及终稿的打印和分发。信息中心可以在信息平台的后台获取企业经营的关键数据，包括企业每年的财务报表、投资区域信息、产品研发信息等，对于这些经营数据，信息中心可以根据指导教师意见进行加工处理后在报纸或信息平台上刊登报道。

三、信息平台的更新

（一）信息平台的浏览

信息平台网址为：http://192.168.1.250/portal/infocenter，其中 192.168.1.250 是综合实习平台服务器 IP 地址。如果综合实习平台服务器 IP 地址发生变化，信息平台地址要相应改变。信息中心以外的实习机构在浏览器地址栏中输入上述网址即可对信息中心发布在信息平台上的信息进行浏览，这些信息可以看成实习报刊的电子版和增刊。

信息中心如果要获取本次实习中各企业的经营数据需要从信息中心工作界面（如图 10-1 所示）点击"信息中心"进入信息平台，进入信息平台后，其中图片新闻所显示的图片可能会与图 10-2 中所显示的有所区别。在该页面图片新闻右侧是与企业经营状况相关的一组按钮，可以通过点击相应按钮进入对应页面获取本次实习中各企业的经营数据。

图 10-2　信息平台

如点击"市场概况/产品线信息"后得到如图 10-3 所示的页面。

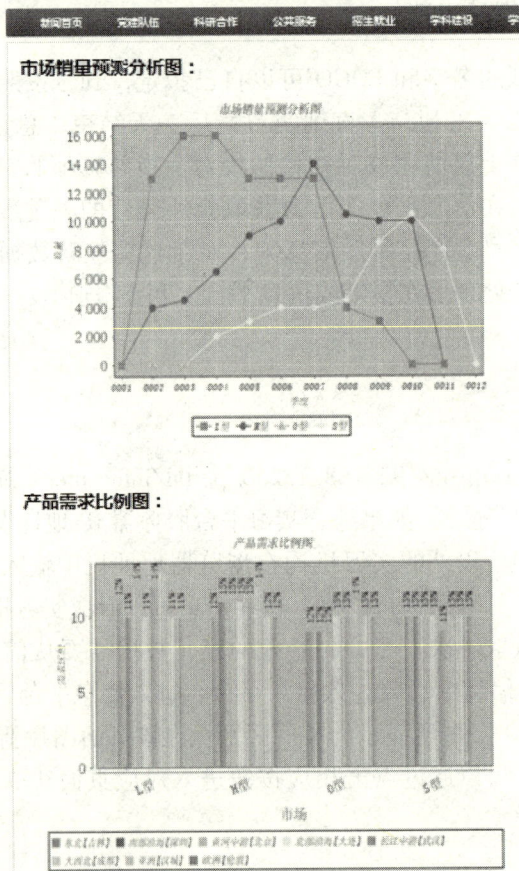

图 10-3　市场概况/产品线信息图

信息中心通过对这些数据进行提炼、总结可以形成报告，也可以以新闻稿的形式在报刊和信息平台上公布，从而达到传播新闻、反映舆情、引导舆论、介绍知识、服务经济等作用。

（二）信息平台的更新

信息中心自办报刊的终稿确定后，要由信息中心主任指定专人负责信息平台信息的更新，一般在当天的上午完成。

在信息中心工作界面中点击"后台管理"，可进入信息平台的后台（如图 10-4 所示），实现信息平台上信息的更新，发布新的消息等。

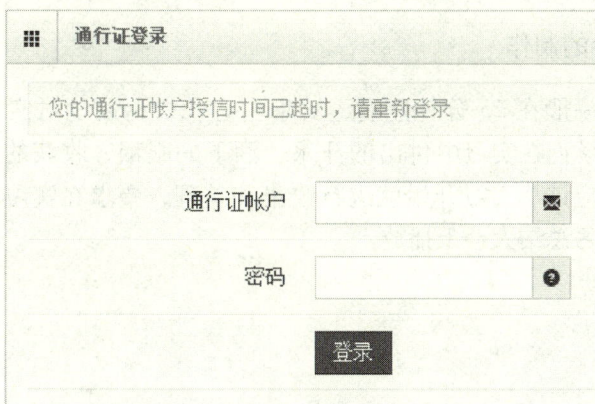

图 10-4　信息平台后台的登录

输入正确的账号和密码进入后台管理页面，如图 10-5 所示。

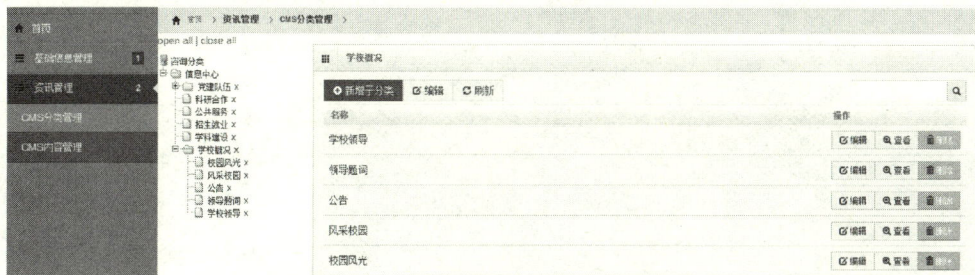

图 10-5　信息平台后台管理页面

在图 10-5 所示页面，更新、发布信息主要涉及"资讯管理"栏目。该栏目分为 CMS 分类管理和 CMS 内容管理两个部分。CMS 是 Content Management System 的缩写，意为"内容管理系统"。关于 CMS 此处不做过多阐述。

CMS 分类管理可以管理当前信息平台上的栏目，如增加新栏目、删除原有栏目等，反映到信息平台上就是横向导航栏上显示的项目和每个项目下显示的模块，本综合实习不涉及修改信息平台的栏目。

信息平台上信息的更新、发布在"CMS 内容管理"栏目完成。具体操作步骤如下：

➤ 登录后台管理页面。

➢ 点击"CMS 内容管理"。

➢ 点击要更新的栏目，如"首页"（此处，如果该栏目下包含子栏目，则该栏目显示为文件夹的形式）。

➢ 点击要更新的子栏目，比如"公告信息"。

➢ 点击"新增"。

➢ 输入标题、副标题、关键字、摘要、编辑文档正文，该版本文档编辑器不能在文档中插入图片。

➢ 点击"提交"，系统显示提交成功，即会在首页的公告信息子栏目下增加一条新的消息。

四、总结视频文件的制作

视频文件大小一般在 25 分钟左右，要求内容积极，通过对实习中点滴小事的记录，真实地反映同学们在实习中付出的汗水、洒下的眼泪、收获的喜悦与自豪。画面要清晰流畅。素材应该从实习开始就进行收集和整理，要求在实习最后一天的上午制作完成，下午在实习总结大会上播放。

附件1：

报纸版式设计杂谈①

一张优秀的报纸必须是既好看又好读的。好看，是指报纸的版面设计所形成的整体视觉感觉，包括文字、图像、标志、插图以及线性的空间分割等重要元素构成的视觉形象，能给人带来美的享受；好读，是指报纸所刊发的内容贴近生活、贴近读者，具有警示作用和给人启迪与思考的力量。

报纸的版式设计应服从于报纸的整体气质与基本风格，对于不同内容的板块和叠次，在版式设计上应体现出相应的风格特色，并从全局角度把握设计的强弱、轻重、疏密等，形成层次分明、节奏有致的版式风格。细致完善的版式细则和严谨到位的执行力是确保一份报纸能形成鲜明风格、整体气质的根本保证。优秀的版式设计是用编者魅力吸引读者去领会作者魅力。下面就版式设计应注意的几个问题做简单论述。

一、静态版式：非静态的设计方式

版式设计不仅仅是吸引读者眼球的编排方式，更为重要的是体现报纸发展策略、办报理念和独特品位。新兴报纸大都在成立之初就制定版式大纲确立基本风格，即采用静态版式的编排风格。

静态版式与传统的报纸编排风格大不一样。传统风格强调每天新面孔，"苟日新，日日新"：昨天头条是横的，今天就来竖的；头条横置，右上稿件就是竖题；每个版面的稿件须有几条是突出的，所谓"跳三跳"等。静态版式基本上摒弃了这样的规则，强调版式的连续性与统一性。连续性是指每天的版式都保持基本一致，统一性是指各个版面的风格整齐划一。大到报型、刊头、报眉、色调、版面分栏乃至标题的走向、大小与字号，小至稿件间的线、框，署名方式乃至字距，都有统一齐整的设定。

静态版式有明显的易读性特征，各条新闻成方成块，可以一览无余，便于读者轻车熟路地获知信息。就如新闻摆上了橱窗，阅读时像进超市，在固定的位置找到自己所需，长此以往较易形成认同感。静态版式实际上把编辑从版面上解放出来，淡化了"划版"的功能，强化了"编辑"的功能。另一大好处就是，它有效地避免了传统版式操作中因编辑原因造成版式的良莠不齐，十分有利于一张报纸统一风格并形成相对固定的形象。

有一点需强调的是，静态版式并非一成不变，也就是静态版式也需动态设计。版式设计在整体风格固定的前提下，要以读者易读、悦读为首要标准，随时了解、洞察目标读者的阅读情境、习惯、喜好变化，有计划、有步骤地丰富发展新的设计手法。

二、回归读者：体现设计的文化价值的前提

老亨利·福特有一句名言："我生产黑色的T型车，你就买黑色T型车。"小亨利·福特把他爷爷的话变为："您需要什么样的车，我就生产什么样的车。"而今适行的营销法则是："您其实是需要它的，不过您自己还没有发现，我来帮您发现，然后请您来分享新需求的乐趣。"作为一种为大众服务的传播媒介，报纸进行版式设计时，必须优先考虑读者的内心感受，要明确自己的任务"不是教，是分享"。

版面设计作为一种表现语言和传达方式，其基本目标是让读者读懂、无歧义，这是体现设计的文化价值的基础。所以，经典的设计作品都有着看似平淡却回味无穷的共同点：人人心中所有，人人笔下所无。它的立足点就是在满足功能需求的同时，最大限度地迎合了大众的审美口味。

只有回归读者，版式设计才能有方向和针对性，才能明确报纸的指向受众，版式设计与功能要求才能达成平衡，才能使设计的文化价值得以最大化。

---

① 引自：http://www.cnbksj.com/a/20110115/105082.html.

三、明确目标：成功版式的通性

版式设计就是对文字和图片进行整合，调动点、线、面以及所有科技设计手段强化阅读效果和视觉冲击力。在这个过程中，人们视觉感受的规律性法则，如对称、平衡、和谐、对比、统一、整体等将起到重要作用。不同的报纸会以版式信息的侧重点不同来凸显媒体性质，同时，不同的版式设计和色彩运用也表现着不同的编辑思路，这些都有助于形成不同的报纸风格。无论具体表现形式如何，成功的版式都会具有以下几种通性：

1. 易读性

编排依据内容的主次从左到右，便于阅读。一个缺乏设计的版式大多是缺乏整体感和悦读感的。因此，编辑的第一职责就是按照视觉习惯的需要组织好文章，使版面流畅大方。报纸是大众化的文化快餐，因此，报纸版面应条理清晰、简洁单纯，形成整体节奏和美感，让读者在第一时间里找到感兴趣的阅读内容。

2. 差异性

在新闻资源日渐趋同的情况下，版式风格的差异性正是区别于竞争对手的一种特殊的优势。

3. 稳定性

版式风格的稳定有利于培养阅读习惯和风格的形成，一般不做大的调整和变化，这是一张报纸走向成熟的体现。但在发展过程中力求适当的补充和创新。

四、再创造意识：版式的生命之源

1. 在策划中激发再创造意识

打破以往策划、采访、编辑的界限，编辑直接参与报纸各方面的总体策划，既各负其责又密切配合，参与对报纸编辑发行、读者需求、稿件定位、市场预测、竞争举措等总体策划。这样，报纸编辑就会在全面了解战略目标的前提下，胸有全局，进而产生大思维、新创意，才能从大处着眼、小处着手，严谨细致，精益求精地进入报纸编辑具体的再创造活动。

2. 从版面上再现再创造意识

报纸版面的内容编辑和版式设计是编辑展露智慧、驰骋才情的场所，是再创造意识全面价值的最高体现。编辑根据总体策划的大思路，对自己所主持的版面从内容到形式进行具体策划，然后有目的、有重点、有针对性地编排文稿、图片等，并把自己多方面的新创意渗透到版面编辑中。报纸编辑的再创造意识，集中体现为用美学和技术创造出内容与形式双重美的和谐统一。可以说，版式设计是美的追寻与创造，比如统一中的整体美、配置中的组合美、比例中的差异美、对称中的平衡美、节奏中的韵律美等。在此过程中，编辑的主体价值将在从内容到形式的再创造中得到充分发挥。

附件2：

新闻采访中的成功沟通和价值挖掘[①]

同样的新闻素材，不同的记者会做出不同的文章，有人只能写一个"豆腐块"，有人却能写出很有影响的深度报道。为什么？关键在新闻采访中的沟通与挖掘能力不一。结合推销学的一些基本原理，新闻采访中的成功沟通与深度挖掘，离不开以下几点：

树立品牌

新闻报道的是客观事实，但多数新闻采访接触的是人。记者展示在采访对象面前的良好形象，比记者证和采访介绍信更有魅力。一个没有热情、不自信、不守诺或者缺乏同情心的人，很难想象会成为一名优秀的记者。具备了优秀品质，你才会发自内心地去关注采访对象，才会全身心地投入到采访过程中，才会赢得对方更多的尊重。而当记者的人格魅力发挥作用时，对方也会更配合，采访也将因此收到事半功倍的效果。当然，要塑造良好的个人品牌，不是一朝一夕的事情，需要长期努力学习，提高自身修养，培养爱心和自律意识。

沟通技巧

有些技巧，如"做一个好的听众"——客户讨厌推销员夸夸其谈，被采访对象也讨厌被记者一次次打断叙述。再比如，"要运用恰当的提问方式"——如果纯粹想了解某企业的经营措施，可以采用开放式提问，获取足够的信息（例：就贵单位的经营措施，您能具体地谈谈吗）；如果采访主题是政策环境，同样的话题，就要采用封闭式提问，以引导采访对象（例：您认为贵单位所取得的经营成绩与当前政策环境有关系吗）。另外，成功运用心理学，也是重要的沟通技巧。被采访对象的动作或眼神、表情，往往隐藏着丰富的信息，其中很可能含有值得挖掘的"新闻富矿"，因此记者要学会察言观色，见机行事。

控制进程

新闻采访的主体是记者，而不是采访对象。在采访过程中，必须控制采访进程，掌握主动权。面对大量的素材信息，要多加分析，善于洞察，识别关键。要针对性地反客为主，为我所用，时刻牢记自己的采访任务，不要被对方误导，偏离采访主题，言者无心，听者必须有意。而要做到这一点，除了要求记者在采访前做好充分的准备外，自身还要有高度的新闻敏感性、策划组织能力以及较强的应变能力。

有人认为，对新闻素材进行再认识是编辑的事，其实亲身参与和感知新闻现场的是记者。记者在完成稿件写作前或创作过程中对新闻素材的再认识，往往直接决定该稿件的质量高低。

记者对新闻素材的再认识，就是在初始认识的基础上，对收集到的素材深入一步进行分析、梳理和补充。要把手中的素材与政策和形势相对照，与所在媒体的特点相对照，与发表时的外界环境相对照，与拟定的报道计划相对照，从而进一步明确报道重点和关键，重新组合素材，发现不足的地方，及时予以补充。通过再认识，才能全面掌握和吃透新闻素材，并在再认识的过程中，激发创作"灵感"，在瞬间找到新闻亮点，甚至有可能将原定的报道思路彻底推翻，而这种推翻，很可能是一次质的提升。

[①] 新闻素材：http://baike.baidu.com/link? url = sU3Ouv3Z6XMBpK0rS8bTOK1TZOlHc5kOYWtmTyj2OB5ZG0uwRURxUAph9sLqZ4Zypfi3iJlJpR8n-PZ6kHOnd_#1.

附件3:

报纸版面的编排与设计[①]

一、报纸版面的编排与设计

报纸版面的设计很重要。每天的版面既不能重复又要能体现一份报纸特有的风格。一个好的版面可以更好地表现舆论导向的正确性、版面内容的可读性,也可以充分展示其可欣赏性。对读者而言,看到这样的版面是一种享受,会引起你精读内容的强烈欲望。

1. 版面设计的基本常识

(1)版面

一张报纸一个版的幅面,是报纸规格的称呼,它是以印刷用纸的全张幅面为计算单位的。一张全开纸(109.2cm×78.7cm)能切成多少张,叫做多少开,全张纸幅面的1/2叫对开,报纸也叫对开四个版;全张纸幅面的1/4叫四开,报纸也叫四开四个版,目前也出现了一些幅面不规则的报纸版面,如宽幅、窄幅报纸等。

(2)版心

报纸的版心是指报纸幅面除去周围的白边部分,即由文字、图片等构成的部分。版心中基本的要素有版的行数、版的字宽、版心字体、版心字号、版心行距等。

(3)版式

版式是指版面的结构组成。它的组成主体是新闻信息。新闻信息由标题、正文和图片组成。常见的版式有流水规则式、综合交错式、对称式、花苑式、冠首式、图片式等。

(4)栏式

栏式是组成报纸版面的最基本形式。版式是由各种栏式的合理、巧妙组合而成的。一般将常用的栏式称为基本栏,有时为了使版面有多种结构形式,也常用破栏式、合栏式和插栏式等。

对开大报的基本栏,一般指小五号字的13个字,四开七栏报纸中一栏为小五号字的10个字。

(5)报纸常用字体、字号、花边、底纹和线条

报纸排版工艺从铅字排版改为计算机排版后,不但省力、排版速度快,而且丰富了汉字的字体、字号、花边、底纹、线条等,使版面更加灵活、美观,更容易发挥版面编辑和组版人员的想象力和创造力。

●字体

激光照排的报纸汉字常用基本字体有:书宋、报宋、小标宋、仿宋、黑体、楷体等。另外,还有一些可选字体,如隶书、魏碑、小姚、行楷、大黑、准圆等,还有倾斜字、旋转字、阴字阳字、空心字、立体字等,字体十分丰富,还可任意变形。

●字号

目前,激光照排报纸出版系统一般都配有从小7号字到96磅大字,共22种字号。每种字号都可用计算机无级变倍的功能,衍生成多种形态的字体。

●花边、底纹和线条

花边是版面编排设计中一个重要的手段,它以独有的美感效果,在报纸版面结构中起着很好的装饰作用,为版面增添色彩。

底纹在版面设计中用得较多,它可提高版面可视效果,增强标题的视觉冲击强度,提高标题的艺术表现力。数百种底纹和可变的灰度,为版面设计和标题、刊图的制作提供了很好的条件。

---

① 报纸版面设计:http://wenku.baidu.com/link? url = AslevuCtVHEkoXFDu0R _ 5Dr48j5GbKk6 _ N0OJn2aUTal2g91JRQG61SoOjYhdXqdXWoJuxC6qfcO5txcO7fp2qhXu-f0zAIPrENa2vwuiki.

线条包括正线、反线、双线、波纹线、双波纹线、下文武线、上文武线和底纹制作的各种线条等，在版面使用中很普遍，它可以合理地把版面组排好。

2. 版面编排设计基本规律

（1）确立版面编排思想

一个版面是由多种内容组成的。这个版面要突出宣传什么，集中宣传什么，有着自己的重点内容和辅助内容。版面编排思想，就是组版编辑采用各种不同的版面手段，用版面语言向读者展示编辑的重点指向，实现引导读者阅读的编辑目的。

（2）版样的构思

确立版面编排思想后，就要考虑用什么样的版面形式来体现它，用什么样的版面手段来实现它。首先要立意，这是版面设计的开始。立意要体现独特的版式风格，能更好、更准确地把编排思想和主题体现出来。因此，要设计出一个优秀的版面，版面编辑需要有全方位的知识，除新闻专业知识外，还要对语言学、美学、心理学、印刷学等有一定的了解。

之后，版面编辑要把立意、创意和策划落实在版样纸上，形成激光照排的作业图，组版人员才可"按图施工"。所以，版面编辑要重视版样的计算准确性和表达明确性。

（3）文章区、标题区的确立

确立文章区是版面设计的第一步。它是在版面编排思想的指导下，用具体的版式来实现的。文章区内容包括文章区、照片区、刊图区等所占有的版面空间。在已确定的文章区中，确立标题区是首要的。但在确立标题区时要留有可调余地，使它为版面的形成充分发挥灵活、机动的调整作用。

3. 报纸版面编排设计中的各种关系

（1）版面与版样的关系

版样，是形成版面最基本的图样。各报根据自己使用的版心字号，用带有方（圆）型字符标记，规则地以基本栏式排成版式。版样中带有明显的行、栏标记。版面分为对开报纸、四开报纸等版样。无论是何种幅面的报纸，都要根据版式的要求，设计各自的栏数和基本栏。如对开报纸的版样约为八栏，它的基本栏是小五号 13 个字，横向为 13 字×8（栏）：104 字+7 字栏线，共 111 个字。纵向为角栏 13 字×126（行）：1 638 字，全版为 13 104 字。

版样与版面有着密切的内在联系，因为版样中每一个版心字号字符的印迹都代表一个文字，报纸的版面就是在这个版样纸上形成的。

（2）字号与版样的关系

字号，有版心字号和标题字号之分。版心字号是报社自己选用的组成整体版面的字体标号，一般选用小五号字或六号字。版样中的每个字符代表着版心字号的一个字。除版心字号外，还有大量的标题字号。各种类型的标题字号规格虽然超出版心字号，但它们在版样中都是以占字宽和占行高的形式表现的，因此编辑和组版人员都要对各种标题字号有所了解。

（3）照片、刊图、标题与版样的关系

照片是新闻表述的重要形式，也是版面中重要的组成部分，常被称为报纸版面的眼睛。

在选用照片时，需根据版面的总体要求，缩小、放大成需要的规格，按照占栏宽和占行高放置在版样中选定的位置上。

刊图（包括栏目刊头、尾花等）也是版面中不可缺少的内容，占有版面的空间虽然小，但它与版样的关系也是占栏宽和占行高的关系。有些刊图、尾花不足一栏的，可换算成行数计算在文稿内。

标题与版样的关系是很重要的。文章的标题是读者接受外部信息的媒介，是左右版面空间、版面形式的重要元素，往往要利用它的"调空"作用，去解决一些在组版过程中的难点，去策划一些好的版式。标题在版样中的计算方法同样是用占栏宽和占行高的方法确定。

（4）组版人员与版样的关系

版样，是印刷厂照排车间进行报纸组版的重要依据。组版人员首先必须读懂版样，严格按版样要求进行组版。版样实施得如何，直接关系到版面能否体现编辑的设计意图。因此，组版人员在按版样组版时，要领会好编辑人员设计版面的意图，弄清各项要求的目的，准确、恰当、灵活地运用组版软件完成组版工作。在组版中常常会遇到版样不准，临时改版等问题，这时候，组版人员既要与编辑及时协调好，也要积极发挥主观能动性，把自己当作一位读者、一个组版编辑，在组版人员和版面编辑的共同努力下，才能把报纸的版面组排得更加完善。

4. 版面的视觉特征

一个好的版面，使人感到既有可读、可视的版面内容，又有较高的思想性、艺术性，是思想内容、新闻内容与艺术美完整的结合体。一个有特征的版面是由各个有特征的版区、有特征的标题和有特征的照片，科学地、艺术地组合而成的。用有特点的造型艺术形成的版区，读者会因视觉形象的特别作用，而产生特别的注意。同样，由于标题是一篇文章的高度概括，是引导读者阅读全文的重要媒介，因此，有个性、有特点的标题，可强化读者的视觉感染力。

此外，在彩色报纸版面设计中还可充分利用色彩的视觉冲击，设计出有个性有视觉特征的版面。

二、报纸版面设计中应注意的几个问题

1. 重点突出与文章的完整性

报纸的版面由形状各异的文章区组合而成。为了使版面有特征，编辑往往用新颖的形式去赢得读者的印象。一个版面既要突出重点，使文章区集中、完整，又要使读序流畅、有层次感、节奏感，使读者一目了然，沿着文章的走势顺利阅读完全篇。

2. 标题与空白

一条视觉性强、有特殊个性的标题，会使读者的视觉在瞬间受到冲击，从而把注意力集中到标题上来，激发阅读全文的欲望。但也不能个个标题都一律强化、装饰，否则无法体现主次。版面中和标题周围的空白空间，是版面中不可缺少的部分，适度的空白空间不但具有版面可调效应，而且能使版面紧中有松、调解视觉疲劳，形成虚实强烈对比，突出标题、重点的同时可给人以清爽的感觉。所以适度地留有空白空间，是版面的需要，但又不能无谓地浪费版面空间，因为版面的每一个空间都具有价值。

3. 照片与广告

照片在版面中的重要性，在前面已经介绍过。一个版面上用几幅照片为好，照片应占多大位置，这在版面设计中很灵活，也很能发挥编辑的创意思想。特别是彩色报纸中的彩色照片的使用，更是有广阔的空间，让版面设计人员充分发挥聪明才智。

广告已成为报纸媒体不可缺少的重要部分。在报纸版面上如何安排广告的位置也成为版面编辑统筹设计时需要认真考虑的问题。广告的版面多少要根据广告客户的要求来决定，有时是一个整版，有时是半个版或几栏几行，还有一些题花、刊头广告等。因此，在安排广告版面位置时既要考虑其尺寸大小，又要兼顾其内容形式是否与整个版面协调一致。特别是彩色报纸彩版上的广告，有时是彩色的，有时是套红的，有时又会是黑白的，对于整个版面色彩的设计尤为显得突出和重要。这也是近年来报业发展出现的新问题，值得版面设计人员研究。

4. 彩报的色彩美感

在彩色版面设计中，要注意色彩的正确选用。一般说来，整个版面应有一个倾向性的色调，使版面的色调趋于基本一致，在视觉上感到舒适、大方、简洁、流畅，在版面中有彩色广告时显得尤为重要。一个彩色版面，色彩搭配不当，会破坏版面的整体效果，使版面显得杂乱无章、花哨过头。

三、校对与发排

1. 报纸的校对流程简介

读者手中拿到的一张成品报纸，一般至少要经过"三校两查"。校对工作对于报纸的编排是一项很重要、必不可少的工作。它的主要任务是：在忠实于原稿的基础上，校正错别字、掉行掉字、重行重字；校正标点符号、人名、地名及专业技术词语；校正外文、数字、外国人中文译名等；校正中外名人语录、历史事件发生时间地点。"三校"指的是：文字录人后打印出小样，校对人员进行校对叫"一校"。组版完成后的发纸样称"大样"，校对人员对大样进行校对称为"二校"。组版人员根据校对后的大样进行修改后，重新发出的纸样称为"清样"，校对人员对清样进行最后一次校对称为"三校"，把清样下发到照排车间改正后，就可直接发排胶片付印了。

"两检"指的是校检人员在上大样时设专人从头到尾通篇检查一道，特别是对人名、地名、专业术语、引用语录等要认真核对，保证准确无误。待上清样后，还需要认真阅读，仔细检查是否还有疏漏。遇到重大政治活动，对重要版面和文章，有时出版后还需检查一遍，以确保无任何差错。

2. 发排

"发排"通常指组版工作完成后，用激光印字系统发出纸样供编辑、校对使用。同时，在编辑部最后下清样后，组版人员在计算机上进行最后的修改，然后用激光照排系统发排胶片。随着直接制版技术的发展和应用，目前，有的报刊社已不再发排胶片，而是通过 CTP 系统直接制作印版上机印刷。

附件4：

优秀报纸版面设计欣赏

图 10-6　书报文摘①

---

① http://cnbs.cnrepair.com/uploads/allimg/110115/1_110115144146_1.jpg.

图 10-7 曼哈顿时报①

---

① http://t12.baidu.com/it/u＝3938235062,3734703229&fm＝23&gp＝0.jpg.

南欧，一部欧洲时尚简史

图 10-8　长江商报①